시즈와 함께 하는
감성 일본어

しずの日本語ノート

시즈의
일본어
노트

김연진 + 지음

Orbita

## 시즈의 일본어 노트

초판 6쇄 인쇄 2023년 9월 25일
초판 6쇄 발행 2023년 10월 18일

발행인　　서덕일
지은이　　김연진
펴낸곳　　오르비타

**Orbita**

주소　　　경기도 파주시 회동길 366 (우)10881
전화　　　02. 499. 1281, 2
팩스　　　02. 499. 1283
E-mail　  info@moonyelim.com

출판등록 번호 제 2014-66호 (2014년 11월 17일)
ISBN  979-11-954448-4-7  13730
　　　 979-11-954448-5-4 (set)

잘못된 책은 구입하신 서점에서 교환하여 드립니다.
본 책은 저작권법에 보호를 받는 저작물이므로 무단 전제와 복제를 금합니다.

시즈와 함께 하는
감성 일본어

# 시즈의 일본어 노트

김연진 ◆ 지음

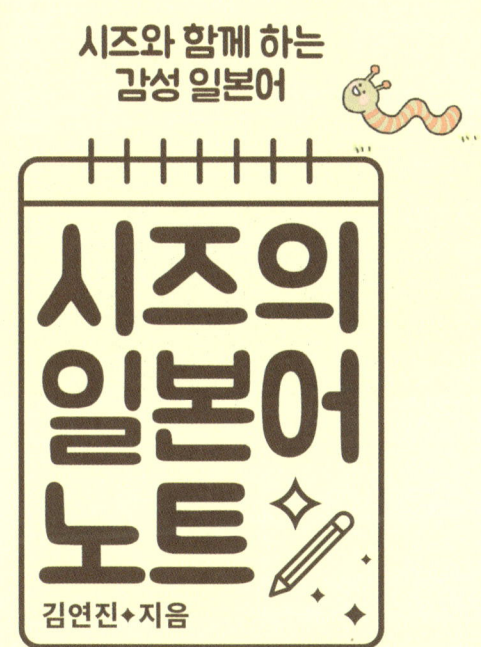

Orbita

그날그날 공부한 내용을 복습해서 완벽하게 내 것으로 만들고, 선생님이 내 주신 숙제를 하고, 책에 나온 단어를 외우고 하는 공부는 오롯이 혼자 힘으로 해결해야 하는 부분이니까요.

진도 나가는 것에 연연하지 말고 충분히 연습하며 꼼꼼히 공부한다면 독학으로도 얼마든지 기초를 탄탄하게 잡을 수 있습니다.

목표를 달성하는 그날까지 열심히 공부하겠다!
학습 계획을 매일매일 실천하겠다! 하는 각오만 있다면
얼마든지 독학으로 공부할 수 있습니다.

**PAGE: 009**

시즈의
일본어 노트
しずの日本語ノート

# CONTENTS

**PROLOG:**
일본어, 독학으로 가능할까요?

### 01 일본어 공부의 첫 단추, 글자를 외워 보자
022 일본 노래와 함께 한 히라가나
028 일본어 글자, 이렇게 외워 봐요

### 02 일본어 공부의 감초, 한자와 친해지자
032 한자를 알면 일본어가 보여요
034 왜 한자랑 친해져야 할까?
040 닮은 듯 다른 일본어 한자
042 한자도 알고 보면 귀요미

### 03 일본어 공부의 재료를 준비하자, 단어 외우기
046 많이 알수록 좋은 단어
047 일본어로는 한자를 어떻게 읽고 쓸까?
048 음독과 훈독을 외우지 마세요
053 후리가나? 오쿠리가나? 요미가나?

055 일본어 단어, 어떤 책으로 공부하지?
060 한자로 표기하는 단어, 이렇게 외워 봐요
062 나만의 단어장을 만들자
065 기억에 오래 남는 단어 빽빽이
068 단어 공부의 마무리, 단어 테스트

### 04 일본어의 조리법을 익히자, 활용 문법 연습하기
072 활용을 알면 일본어가 보여요
074 활용 문법? 그게 뭐예요?
077 활용연습 준비단계! 품사 구분하기
079 혼자 하는 활용 문법 연습법

### 05 일본어를 일본어답게, 표현 문형 외우기
088 왜 표현 문형을 알아야 할까?
090 나만의 표현 문형 노트를 만들자
093 사전형? 보통형? 명사수식형?

**06 일본어 의사소통의 첫걸음, 작문 연습**
- **098** 작문 연습, 왜 필요할까?
- **100** 문형 노트로 작문 연습을 하자
- **102** 일기를 통해 성장하는 일본어를 발견하다
- **105** 일본어로 일기를 쓰자
- **109** 일본인 친구와 공부하는 법, 일본어 메일 쓰기
- **114** 일본인 친구의 '따라쟁이'가 되자

**07 일본어를 깊이 이해하는, 책 읽기와 독해 연습**
- **120** 책을 읽으면 일본어와 가까워져요
- **124** 어떤 책을 읽으면 좋을까요?
- **126** 책도 읽고 노트도 정리하고
- **128** 내 마음을 사로잡은 일본어 베껴 쓰기

**08 귀를 쫑긋, 일본어 듣기 연습**
- **136** 일본어 듣기와의 한판 승부
- **138** 많이 들으면 듣기를 잘할 수 있을까요?
- **140** 듣기 연습, 어떤 교재로 할까요?
- **145** 귀와 손이 함께 하는 듣기 연습, 받아쓰기
- **146** 재미로 하는 일본 방송 듣기
- **149** 회화에서 쓰는 표현을 익히자

**09 일본어 회화를 위한 준비운동, 소리 내어 읽기**
- **156** 어떻게 하면 회화를 잘할 수 있을까요?
- **158** 일본어 발음에도 관심을 갖자
- **163** 회화 연습의 첫 단계, 큰 소리로 읽어 보자

**10 일본어능력시험으로 초급 단계 졸업하기**
- **168** 일본어능력시험 공부로 실력 쑥쑥
- **170** 일본어능력시험 공부, 왜 필요한가요?
- **172** 내 수준에 맞는 일본어능력시험
- **176** 기초를 마스터 하는 일본어능력시험 공부법

**EPILOG:**
일본어를 잘하는 비결?

# PAGE: 011

시즈의
일본어 노트

PROLOG

# 일본어, 독학으로 가능 할까요?

일본어 학습 블로그를 운영하면서 가장 많이 들었던 질문입니다.
결론부터 말하자면 얼마든지 가능하다는 게 제 생각입니다. 단, 본인이 충분한 시간과 노력을 투자한다는 전제 하에.
사실 저는 100% 독학한 것은 아닙니다. 일본어 글자와 간단한 단어까지는 혼자 공부했지만 머지않아 '문법'이라는 장벽에 가로막혔고, 당시에는 좋은 교재나 학습 정보가 부족했기에 혼자서 체계적으로 공부하기가 만만치 않았어요. 결국 문법의 장벽을 조금이나마 편하게 넘기 위해서 학원의 도움을 받았습니다. 그리고 학원에서 배운 문법을 바탕으로 집에서는 혼자서 이런저런 다양한 방법으로 일본어 공부에 도전했어요. 일본 노래를 외우며 가사를 꼼꼼히 살펴보기도 하고, 애니메이션을 보면서 아는 말이 들리면 메모하기도 하고, 일본어 원서 만화책을 붙들고 어떻게든 해석해 보려고 씨름을 하기도 했답니다. 학원에서 공부한 시간보다도 집에서 혼자 공부한 시간이 훨씬 많았으니 어찌 보면 학원 반 독학 반이라고 할 수 있을 것 같네요.

일본어 공부의 성공 여부는 학원이냐 독학이냐의 문제가 아니라고 생각합니다. 물론 학원에 다니면 중요한 요점만 콕콕 찍어 가르쳐 주시는 선생님도 계시고, 숙제를 하며 충분히 연습할 기회가 주어지기 때문에 독학보다 수월하게 공부할 수 있는 건 사실입니다. 하지만 학원에서 수업을 듣는 것보다 더 중요한 건 집에서 얼마만큼 복습을 하느냐입니다. 그날그날 공부한 내용을 복습해서 완벽하게 내 것으로 만들고, 선생님이 내 주신 숙제를 하고, 책에 나온 단어를 외우고 하는 공부는 오롯이 혼자 힘으로 해결해야 하는 부분이니까요. 그러니 학원에 다닌다고 해도 집에서 혼자 공부하는 데에 시간을 투자하지 않으면 배운 내용을 제대로 소화할 수 없고 점점 수업 진도를 따라가기 힘들어질 수도 있어요.
독학의 어려운 점이라면, 교재 선택을 비롯하여 학습 정보나 학습 자료들을 내 힘으로 수집하여 계획을 세우고 스스로 공부해야 한다는 점인데요. 요즘에는 서점에 가면 독학용 교재가 다양하게 판매되고 있고, 인터넷에서 조금만 검색해 보면 얼마든지 좋은 학습 정보와 자료들도 손쉽게 얻을 수 있으니 그렇게 큰 장애물이 되지는 않으리라 생각합니다. 또한 무조건 남들과 똑같이 진도를 나가야 하는 학원과 달리, 내 페이스에 맞춰 공부할 수 있다는 점이 무엇보다도 큰 장점이죠. 그렇기 때문에 일단 학습 정보를 모으고 계획하는 과정만 잘 마친다면 그 이후로 직접 공부하는 과정은 사실상 학원과 크게 차이가 없답니다.

목표를 달성하는 그날까지 열심히 공부하겠다! 학습 계획을 매일매일 실천하겠다! 하는 각오만 있다면 얼마든지 독학으로 공부할 수 있습니다.

**이것만은 꼭 지켜요!**

**일본어
만만하게 보지 말기!**

일본어는 우리말과 어순이 같고 단어도 상당 부분 비슷하기 때문에 한국인이 배우기에 가장 쉬운 외국어임은 틀림없습니다. 그래서 가벼운 마음으로 일본어에 도전하는 학습자도 많은 것 같은데요. 저는 절대로 일본어를 만만하게 보지 말라고 말씀 드리고 싶습니다.

아무리 한국어와 비슷하고 배우기 쉬운 외국어라 하더라도, 일본어도 엄연한 외국어입니다. 다른 외국어와 마찬가지로 단어도 열심히 외워야 하고, 문법도 공부해야 하고, 일본어를 잘하기 위해서는 수많은 연습과 노력이 필요해요. 그런데 일본어는 우리말과 비슷하다는 이유로 '많이 노력하지 않아도 잘할 수 있는 외국어'라는 생각으로 일본어에 도전하는 학습자도 많은 것 같습니다.

일본어 기초 문법을 공부하다 보면 종종 외울 것이 많거나 내용이 어려워서 학습자를 당황하게 하는 '고비'가 찾아오는데요. 일본어를 만만하게 보고 공부를 시작하면 이 고비에 다다랐을 때 '왜 이렇게 어렵지?' 하고 쉽게 지쳐 버릴 우려가 있습니다. 차라리 처음부터 일본어가 쉽다는 기대를 갖지 않아야 고비와 마주쳐도 '그동안 좀 쉽긴 쉬웠지~ 외국어라면 이정도 어려운 건 당연해!' 하고 담담하게 맞설 수 있어요. 일본어 공부가 마냥 쉽게쉽게 진행되지만은 않을 거라는 사실을 염두에 두세요.

**꾸준히
공부하기!**

또 한 가지 드리고 싶은 말씀은, 기초를 탄탄하게 다지기 전까지는 공부를 3일 이상 쉬지 말라는 것입니다.
이제 막 일본어 글자를 다 외우고 기초 문법 공부를 시작한 학습자는, 평평한 모래밭 위에 얇은 기둥 하나만 덩그러니 세워 놓은 상태라고 생각하시면 됩니다. 주변에 아무런 버팀목 없이 얇은 기둥만 있다면 금방금방 쓰러지겠죠? 초급 단계에서는 공부한 내용들을 금방금방 까먹을 수밖에 없다는 얘기입니다.
그렇다면 기둥이 쓰러지지 않게 하려면 어떻게 해야 할까요? 기둥을 손으로 붙잡고 쓰러지지 않을 때까지 계속해서 모래를 쌓거나 버팀목을 대줘야 합니다. 그렇게 주변을 단단하게 다져 놓아야 나중에 손을 놓아도 스스로 서 있을 수 있겠지요. 기둥을 손으로 붙잡고 있는 것은 일본어 공부에서 손을 놓지 말라는 말이며, 주변을 단단하게 다지는 것은 연습 과정을 의미합니다.

초급 단계에서는 공부를 하루 이틀만 쉬어도 쉽게 까먹는 단계이니 까먹을 틈을 주지 말고 끊임없이 공부하는 것이 중요합니다. 그래야만 기초 실력이 안정적으로 쌓이고 중급, 상급 실력까지 쭉쭉 도약할 수 있거든요. 공부할 시간이 없다고 아예 손을 놓는 건 금물! CD라도 한 번 듣거나 단어라도 한 번씩 써 보세요. 단 5분이라도 좋으니 매일매일 꾸준히 일본어에 시간을 투자하도록 합시다. 아무것도 하지 않는 것과 작은 것 하나라도 실천하는 것에는 결과적으로 엄청난 차이가 있답니다.

**골고루
공부하기!**

'히라가나를 다 외웠는데요, 다음에는 문법 공부를 해야 할까요? 아니면 단어를 외워야 할까요?'

이런 질문도 굉장히 많이 받았습니다. 이에 대한 제 대답은 '골고루 다 하세요.' '언어 공부'라는 것은 가만히 들여다보면 그 안에 굉장히 많은 종류의 공부가 포함되어 있습니다. 쓰기, 읽기, 말하기, 듣기 네 가지 영역을 바탕으로 단어, 문법, 독해, 작문, 회화 등 외우고 연습해야 할 내용이 참 많아요. 게다가 이 모든 내용들이 서로 밀접하게 연관되어 있어서 어느 한 가지만 해서는 제대로 된 실력을 쌓을 수 없습니다. 문법을 공부하다 보면 단어도 알아야 하고, 단어를 공부하다 보면 한자도 알아야 하고, 회화를 하려면 문장을 만들 줄 알아야 하고, 문장을 만들려면 문법을 알아야 하고, 듣는 연습을 해야 정확한 발음을 알 수 있고 나아가 말도 제대로 할 수 있겠죠.

그렇기 때문에 기초 단계에서는 입문서를 중심으로 기초 단어 외우기, 기초 문법 연습, 공부한 문법을 이용한 간단한 작문 연습, 그리고 책에 실린 스크립트 읽기와 듣기 연습까지 모든 것을 골고루 공부해야 서로 상호작용 하며 실력이 쑥쑥 향상됩니다.

**충분히
연습하기!**

　　　　독학으로 공부할 때 가장 신경 써야 하는 것이 바로 충분한 연습입니다. 학원에서는 특별히 신경 쓰지 않아도 선생님께서 충분히 듣고 읽고 쓰는 연습을 시켜 주십니다. 하지만 혼자서 공부하는 경우에는 자기 스스로 챙겨야 해요. 많은 독학 학습자들이 빨리 일본어를 잘하고 싶은 마음에 꼼꼼히 공부하지 않고 진도만 빨리 나가는 경우가 있는데요. 그렇게 수박 겉핥기 식으로 공부해서는 기초를 탄탄하게 잡을 수 없습니다. 기초가 탄탄하지 않으면 훗날 중급, 상급 실력으로 나아가는 데 걸림돌이 될 수 있어요. 그러면 결국 기초를 다시 공부해야 하는 불상사가 발생합니다.
참고로 저는 학원에서 입문서로 기초 문법을 모두 마치는 데 무려 6개월이 걸렸습니다. 문법 하나를 공부하는 데에도 수많은 연습 시간이 필요했다는 뜻이겠죠. 대신 시간을 충분히 들인 만큼 기억에도 확실하게 남아서 배운 내용을 까먹는 일이 없었고, 중급을 거쳐 상급 단계까지도 순탄하게 넘어갈 수 있었습니다.

독학 학습자들이 상급 단계까지 좀처럼 향상되지 못하는 이유는 바로 '연습 부족'입니다. 이번 과에서 공부한 문법이며 단어들을 확실하게 외우고 읽는 연습, 쓰는 연습, 듣는 연습을 충분히 거친 후에 다음 과로 진도를 나가야 하는데, 그런 연습 과정을 생략해 버리니 기초가 제대로 잡히지 않게 되는 것이에요. 진도 나가는 것에 연연하지 말고 충분히 연습하며 꼼꼼히 공부한다면 독학으로도 얼마든지 기초를 탄탄하게 잡을 수 있습니다.

**일본어 입문서로 기초 다지기**

**입문서란
어떤 책인가요?**

일본어를 처음 공부하시는 분들께 제가 권하는 교재는 바로 '독학용 입문서'입니다. 흔히 '일본어 첫걸음'이라는 문구가 들어간 책들이 바로 입문서인데요. 일본어의 글자를 시작으로 초급 단계에 해당하는 문법, 문형, 단어, 간단한 회화까지 골고루 공부할 수 있는 교재입니다. 일본어 공부의 최종 목적이 시험이든 회화든 일본 방송 보기든 첫 공부는 입문서로 시작하는 것이 가장 무난합니다. 입문서로 기초만 잘 다져 놓으면 이후로는 얼마든지 자신이 원하는 방향으로 공부할 수 있거든요.

그런데 입문서를 고를 때 주의해야 할 점이 하나 있습니다. 혼자서 공부하기 위해서는 반드시 '독학'이라는 글자가 쓰여 있는 책으로 골라야 한다는 것이에요. '독학'이라고 쓰여 있지 않은 책들은 학원용 교재일 가능성이 높습니다. 책 내용을 꼼꼼히 살펴보며 일본어 문장의 해석이 모두 나와 있는지, 우리말 설명이 자세히 실려 있는지, 연습 문제의 정답이 다 있는지 꼭 확인하세요. 학원용 교재는 자세한 설명이나 해석이 나와 있지 않아서 혼자 공부하기에는 어려움이 많답니다.

**기초를 탄탄하게 하는**
**입문서 공부법**

입문서를 골랐다면 이제는 열심히 공부할 차례! 특히나 독학으로 기초를 마스터하기 위해서는 그야말로 입문서의 모든 내용을 머릿속에 넣겠다는 각오로 공부해야 하는데요. 앞으로 소개해 드릴 다양한 공부법들을 입문서에 적용해서 공부해 보세요. 아래 여섯 가지 포인트에 맞춰 공부한다면 혼자서도 기초를 탄탄하게 다질 수 있을 거예요.

**하나, 문법 이해하기**

독학용 입문서는 그 파트에서 공부해야 할 문법적인 내용이나 표현 문형에 대한 설명이 먼저 나와 있습니다. 이 부분을 먼저 꼼꼼히 공부해 보세요. 눈으로 읽으며 공부해도 좋고 노트에 필기하며 공부해도 좋습니다. 아무튼 최대한 모두 암기할 수 있도록!

**둘, 활용 문법 연습하기**

문법 설명에 '활용 문법'에 대한 내용이 있다면 반드시 활용 연습을 해야 합니다. 단순히 활용 규칙을 암기하는 게 문제가 아니라, 규칙을 적용하여 자유자재로 활용을 할 수 있어야 합니다. 그래서 다양한 단어를 갖고 직접 활용해 보는 연습 과정이 꼭 필요해요. 79쪽에서 소개한 활용 문법 연습법을 참고하여 충분히 연습하는 시간을 갖도록 하세요. 각 파트마다 다루고 있는 문법의 양이나 난이도가 다르니 그때그때 연습 기간도 달라져야 합니다. 적게는 하루, 많게는 4~5일이 걸릴 수도 있어요. 입에서 자연스럽게 활용이 나올 수 있을 때까지 연습하면 됩니다.

**셋, 단어장 만들어서 단어 외우기**

책 곳곳에 나와 있는 단어들을 모아서 직접 단어장을 만들도록 합니다. 입문서에 나온 단어들만 외워도 어휘력 향상에 큰 도움이 돼요. 62쪽에 소개한 방법으로 나만의 단어장을 만들고, 빽빽이와 단어 테스트를 통해 완벽하게 외워 보세요.

### 넷, 베껴쓰기 & 작문 연습하기
입문서를 살펴보면 수많은 일본어 문장이 나와 있습니다. 간단한 회화문으로 구성된 스크립트도 있고, 문형 정리나 문형 연습 부분에도 예문이 있을 거예요. 이러한 문장들을 모두 노트에 정리하도록 합니다. 90쪽에 소개한 방법으로 문형 노트를 만들고 100쪽에 있는 작문 연습법으로 작문 연습까지 해 보세요. 또한 입문서에 나온 문장들을 평소에 손으로 많이 써 보는 것도 좋습니다. 틈틈이 문장 베껴 쓰기를 하면 한자와도 친해지고 일본어 문장도 눈에 익고 일석이조!

### 다섯, 큰 소리로 읽는 연습하기
입문서는 기본적으로 음원 CD나 MP3가 무료로 제공되는데요. 정확한 일본어 발음을 익히기 위해서 음원을 적극적으로 활용해야 합니다. 163쪽에 있는 읽기 연습법을 활용하여 입문서에 나온 문장들을 읽는 연습을 해 보세요. 막힘없이 술술 읽을 수 있을 정도로 연습해야 나아가 회화 연습도 어려움 없이 할 수 있답니다.

### 여섯, 받아쓰기 연습하기
이번에도 음원을 활용한 연습입니다. 145쪽의 받아쓰기 연습법으로 입문서의 문장을 받아쓰는 연습을 해 보세요. 입문서만큼 듣기 쉬운 일본어는 없습니다. 그러니 입문서의 음원 정도는 100% 알아들을 수 있어야 해요. 평소에도 꾸준히 음원을 들으며 일본어를 귀에 익히고, 다음 파트로 진도를 나가기 전에는 꼭 받아쓰기를 통해 얼마나 알아듣는지 확인하도록 합시다.

# 01 JAPANESE

## 일본어 공부의 첫 단추, 글자를 외워 보자

# 01. 일본어 공부의 첫 단추, 글자를 외워 보자

**일본 노래와 함께 한**
**히라가나**

　　　　중학교 2학년이었던 저에게 '일본'이란 그저 역사적으로 좋지 않은 관계에 있는 나라, 가깝고도 먼 나라, 그 이상의 어떠한 흥미나 관심도 없는 그런 나라였고 당연히 '일본어'에도 아무런 관심이 없었습니다. 그러던 어느 날 학교에서 친구가 저에게 와서는 다짜고짜 노트에 이상한 말들을 적어 놓았어요.

"이거 일본 노랜데~ 엄청 좋아! 너도 얼른 외워!"

그것은 일본어 노래를 한글 발음으로 적은 노래 가사였습니다. 그 친구 역시 일본어를 전혀 모르는 아이였기에 의미도 모른 채로 그저 한글 발음만 보고 노래를 외운 것이었습니다. 그날부터 친구는 제 주변에서 수시로 노래를 불러 줬습니다. 그런데 왠지 음이 이상해서 도저히 같이 따라 부를 수가 없었어요.

'무슨 노래가 이래? 어디가 좋다는 거지? 원래 노래를 들어 봐야겠다!'

원곡에 대한 호기심으로 직접 인터넷에서 검색을 해 보았습니다. 인터넷에서 들어 본 원곡은 친구가 불러 주던 음울한(?) 노래와 달리 굉장히 경쾌하고 밝은 노래였으며, 심지어 인터넷에 올라온 가사를 살펴보니 친구가 틀리게 외운 부분도 있었습니다. 원곡에 푹 빠진 저는 이 노래를 제대로 외워서 불러 봐야겠다는 의지가 활활 타올랐죠. 이렇게 우연히, 약간은 강제로 접했던 애니메이션 노래가 일본어와 저의 첫 만남이었습니다.

첫 애니메이션 노래를 성공적으로 외우면서 일본 노래에 더욱 흥미를 갖게 되었습니다. 무슨 말인지는 모르겠지만, 이미 익숙한 한국어와 영어 외에 다른 언어를 내 입으로 말한다는 게 너무나도 신기했고 재미있었어요. 게다가 영어처럼 꼬부랑거리는 발음이 아니니 읽기도 편했고 왠지 귀여운 느낌의 발음이라 더욱 마음에 들었어요. 더 많은 노래를 외워 보고 싶어서, 다양한 애니 노래와 가사를 소개해 주는 사이트를 들락거리며 일본 노래를 하나하나 외우기 시작했습니다. 물론 일본어 글씨를 모르니까 한글로 된 발음을 읽으며.

私(わたし)の世界(せかい)　夢(ゆめ)と恋(こい)と不安(ふあん)で出来てる
[ 와따시노 세카이 유메또 코이또 후안데 데끼떼루 ]
**나의 세계 꿈과 사랑과 불안으로 이루어져 있어**

인터넷에 올라오는 일본어 노래 가사는 대부분 이런 식으로 일본어 밑에 한글 발음, 그리고 해석까지 나와 있었습니다. 일본어를 전혀 모르더라도 손쉽게 따라 부르며 의미를 이해할 수 있었지요. 그러나 간혹 한글 독음 없이 히라가나로만 적혀 있는 노래 가사도 있었습니다.

'이 노래 꼭 불러 보고 싶은데 읽을 수가 없네. 그럼 내가 직접 발음을 적어야겠다!'

노래 가사의 발음을 직접 한글로 써야겠다고 결심한 저는 바로 인터넷에서 오십음도 표를 찾아냈어요. 그리고는 노트에 오십음도 표를 직접 옮겨 썼습니다. 정확히는 '그렸다'고 하는 게 맞을 것 같네요.
직접 그린 오십음도 표를 보고 굉장히 뿌듯했던 기억이 납니다. 내 손으로 다른 언어의 문자를 썼다는 게 신기하기도 했고 이제 이것만 있으면 어떤 노래 가사든 다 읽을 수 있을 것 같았거든요. 그리고는 그동안 한글 독음이 없어서 외우지 못했던 가사들을 모두 프린트 하여 글자 하나하나 오십음도 표에 대조해 가며 한글 독음으로 옮겨 적는 작업을 했습니다.

りりかは　ふつうの　おんなのこ
[ 리리카하 후쯔우노 오응나노코 ]
どこにでも　いるような　おんなのこ
[ 도코니 데모 이루요우나 오응나노코 ]
だけど　エンジェルキャップを　かぶったら
[ 다케도 엔 젤 캬쯔뿌오 카부쯔타라 ]
ちきゅうの　へいわ　まもる
[ 찌키유우노 헤이와 마모루 ]

위 노래 가사는 실제로 제가 옮겨 적었던 가사 중 하나인데요. 한 가지 문제가 있었다면 오십음도 표만 갖고 있을 뿐, 세부적인 발음법을 전혀 몰랐다는 거예요. 'は(ha)'가 조사로 쓰일 땐 'wa'로 발음된다는 것을 몰라서 모조리 '하'로 적었고, 'つ(tsu)'를 작게 쓰

## 📖 일본어 토막 상식

### 일본어의 문자와 몇 가지 발음 규칙

한국어는 '한글'이라는 한 가지 문자로만 표기하지만, 일본어는 '히라가나(ひらがな)'와 '가타카나(カタカナ)', 그리고 '한자'까지 해서 총 세 종류의 문자로 표기합니다. 참고로 히라가나와 가타카나는 마치 영어의 소문자와 대문자 같은 관계라고 생각하면 됩니다. 모양만 다를 뿐 발음이나 읽는 방법은 모두 동일해요.

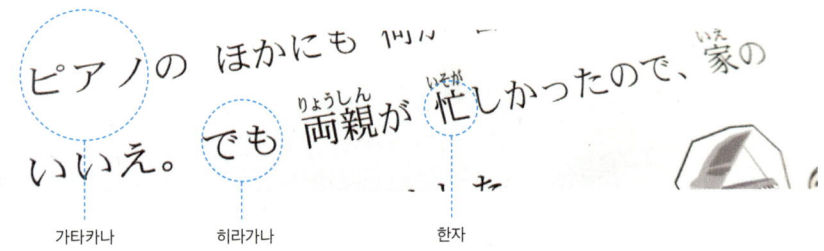

- **히라가나(ひらがな)** : 동글동글한 모양. 일본어 문장을 쓸 때 기본적으로 사용하는 문자입니다. 완벽하게 다 외우지 않더라도 일본어 공부를 하다 보면 저절로 외워질 정도로 많이 쓰여요.
- **가타카나(カタカナ)** : 히라가나에 비해 각진 모양이 특징. 외래어나 의성어, 의태어 등 일부 단어에서만 사용하는 글자입니다. 사용 빈도가 낮아 처음부터 완벽하게 외우고 시작할 필요는 없지만 자칫하면 소홀해질 수 있어요. '히라가나'에 비해 여유를 갖고 외워도 괜찮지만 초급 단계를 마치기 전까지는 반드시 마스터해야 합니다.

히라가나와 가타카나에는 기본적으로 각 글자마다 하나의 발음이 정해져 있어서 그 발음 그대로 읽으면 된답니다. 하지만 간혹 발음 규칙에 의해 글자와 다르게 읽는 경우도 있으니 아래 규칙을 잘 숙지해 놓고 정확하게 읽을 수 있도록 합시다. 네이버 일본어 사전에서 아래 단어들을 검색해 보면 정확한 발음을 들어볼 수 있어요!

**え단+い**는 い발음을 하지 않고 え단 글자를 길게 해서 읽습니다.
　よてい(요테-)　かんけい(카ㅇ케-)　せんせい(세ㄴ세-)　えいご(에-고)

**お단+う**는 う발음을 하지 않고 お단 글자를 길게 해서 읽습니다.
　どうろ(도-로)　こうこう(코-코-)　りょうて(료-테)　そうてい(소-테-)

**さ행 앞에 오는 く**는 발음이 약해집니다. 촉음처럼 발음해야 해요.
　がくせい(가ㅋ세-)　たくさん(타ㅋ상)　こくさい(코ㅋ사이)

**は(ha)**는 조사로 사용될 경우 [wa]로 읽습니다.
**へ(he)**는 조사로 사용될 경우 [e]로 읽습니다.

면 촉음이 된다는 것도 몰라서 전부 '쯔'라고 썼습니다. 또 'ゆ(yu)'를 작게 쓰면 앞 글자와 발음이 합쳐진다는 사실도 몰랐으니 'ちきゅう(치큐우)'도 '찌키유우'라며 보이는 글자 그대로 썼어요. 장음 처리 되는 'う'도 전부 글자 그대로 '우'라고만 써 놓은 게 보입니다. 정말이지 지금 보면 웃음밖에 나오지 않는 가사지만 당시에는 진지하게 정리했던 노래 가사예요.

당연한 얘기지만 촉음, 요음, 장음 등의 발음법을 제대로 모르는 상태로 오로지 글자 그대로만 보고 적었으니, 노래를 들어 보면 미묘하게 제가 쓴 발음과 다르게 들리더라고요. 왜 글자랑 다르게 발음이 되는지 의아해 하며 조금씩 더 공부했고, 그렇게 글자 공부와 함께 노래를 10여 개 외우고 나니 히라가나(ひらがな)가 눈에 쏙쏙 들어 왔습니다. 더 이상은 오십음도 표를 보지 않아도 저 스스로 한글 독음을 적을 수 있게 되었고, 나중에는 한글 독음이 없어도 히라가나를 보면 바로바로 발음이 입에서 나오는 수준에 이르렀어요. 글씨를 외우겠다는 의도는 전혀 없었지만 수시로 들여다보고 직접 읽어 보는 과정을 거치며 자연스럽게 히라가나가 외워진 것이죠.

하지만 히라가나에 비해 사용 빈도가 낮은 가타카나(カタカナ)는 절반 정도밖에 외우지 못했기에 의도적으로 외우는 과정이 필요했습니다.

**일본어 글자,**
**이렇게 외워 봐요**

제일 처음에는 쓰기 연습장으로 글자를 여러 번 써 보며 모양을 익히도록 합니다. 쓰기 연습장은 입문서 교재에 부록으로 있는 경우도 있고, 인터넷에서 다운받을 수도 있으니 어렵지 않게 구할 수 있어요. 아하, 일본어의 글자가 이런 모양이구나! 이렇게 쓰는구나! 하고 어느 정도 글자 모양에 익숙해 졌다면 다음에는 본격적으로 읽는 연습을 해야 합니다.

### 히라가나 외우기

**준비물**

오십음도 표, 입문서와 그 내용을 들을 수 있는 음원

*오십음도 표는 초급자용 일본어 교재라면 어디에나 실려 있습니다.
 인터넷에서도 쉽게 구할 수 있어요.

1) 워크북 4쪽을 펴고 오십음도 표를 직접 작성해 보세요. 미리 준비한 오십음도 표를
   보며 옮겨 적으면 됩니다.
2) 워크북 5~8쪽에 탁음, 반탁음, 요음, 촉음 등의 기본적인 발음 규칙도 정리해 보세요.
   발음규칙 역시 입문서나 인터넷에서 쉽게 찾아볼 수 있어요.
3) 준비운동으로 워크북 9쪽 연습문제를 풀어 봅니다.
   잘 모르는 글자는 오십음도 표를 보고 확인하세요. 탁음·반탁음·요음·촉음 페이지에
   있는 연습문제도 풀어보세요.
4) 워크북 11쪽 연습문제에 있는 노래 가사를 우리말 발음으로 써 보세요.
   '시즈의 일본어 노트' 블로그에서 직접 노래를 들어 보며 발음을 맞게 썼는지
   확인해 봅니다.

위와 같은 방식으로 실전 연습을 해 보세요!
1) 입문서에 나온 일본어 문장을 한글 발음으로 적어보고 음원을 들으며 확인해 보세요.
   (お 와 を는 발음이 똑같으니 を에만 살짝 표시를 합시다)
2) 다음에는 한글 발음 밑에 히라가나를 적으며 쓰는 연습도 해 보세요.
   잘 모르겠다면 오십음도 표를 봐도 OK!
3) 오십음도 표를 보지 않아도 될 때까지 반복해서 연습합니다!
   좋아하는 노래 가사로 연습한다면 더욱 재미있게 공부할 수 있겠죠.

*초급자용 일본어 교재 중에는 이미 한글 발음이 적혀 있는 책도 있어요.
 한글 발음 부분을 가려 놓고 연습하거나 한글 발음이 없는 페이지에서 연습합시다.
*노래 가사로 연습할 때에는 가능하면 차분하고 느린 곡을 선택합니다.
 빠른 노래는 알아듣기가 어려워요!

## 가타카나 외우기

히라가나를 다 외웠다면 다음에는 가타카나도 외워 봐야겠죠? 역시 히라가나 외우기와 비슷한 방법으로 연습할 수 있습니다.

1) 오십음도 표를 보며 워크북 10쪽 연습문제를 풀어 보세요.
2) 워크북 11쪽의 노래가사를 가타카나로 바꿔보세요.
3) 다음에는 갖고있는 일본어 교재를 펴고 연습합니다.

먼저 책에 나온 히라가나 문장을 노트에 옮겨 적고 적은 문장을 가타카나로 바꿔 보세요. 잘 모르겠다면 오십음도 표를 살짝 봐도 좋아요! 초반에는 글자마다 일일이 오십음도 표를 찾아 봐야 하기 때문에 여간 귀찮은 게 아닐 거예요. 하지만 반복하다 보면 표를 찾는 빈도가 점점 줄어들고 마침내 오십음도 표와 영원히 작별할 수 있게 될 거예요.

# 02 JAPANESE

## 일본어 공부의 감초, 한자와 친해지자

# 02. 일본어 공부의 감초, 한자와 친해지자

**한자를 알면**
**일본어가 보여요**

저는 초등학교 1학년 때 엄마의 권유로 한자 공부를 시작했습니다. 집에서 학습지를 했는데 대부분의 아이들이 그렇듯 처음에는 호기심에 열심히 하다가 나중엔 자주 밀리고 하기 싫어했지요. 3학년 때부터는 학교에서 '재량 수업'이라며 일주일에 한 시간씩 한자 수업을 하기 시작했습니다. 그런데 한자 수업 시간에 아는 글자들이 보이니 신기하고 뿌듯했어요. 아는 글자가 나오면 재미있어 하다가 어려운 글자가 나오면 하기 싫어지고… 그렇게 좋아졌다 싫어졌다 하며 초등학교 6년 동안 한자 공부를 했습니다.

중학교에 올라가니 아예 교과목으로 한문이 있었어요. 다른 학교 학생들은 한문과 컴퓨터 중 선택해서 수업을 듣는다던데, 우리 학교는 선택권 없이 무조건 한문이었습니다. 한자를 썩 좋아하지는 않았지만 초등학교 6년 동안 공부했던 내공 덕분인지 비교적 수월하게 수업을 들었던 기억이 나요. 그렇게 약간은 강제적으로 한자 공부를 하며, 특별히 잘하는 건 아니지만 기본적인 지식은 갖추고 있는 정도의 수준이었던 것 같습니다.

  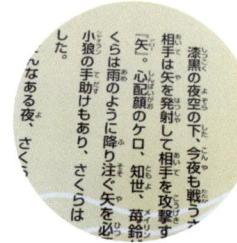

그러던 중 일본 애니메이션에 관심을 갖게 되었는데요. 좋아하는 애니메이션 관련 일본어 원서가 있다는 사실을 우연히 접하고 처음으로 일본어 원서라는 것을 구입해 봤어요. 일본어라고는 일본 노래를 외우며 터득한 히라가나와 단어 몇 개 외에는 아무것도 아는 게 없었는데 호기심에 샀던 것이죠.

그런데 정말 신기했던 건 일본어를 배운 적이 없었는데도 중간중간 일본어 문장을 이해할 수 있는 부분이 있었다는 거예요.

漆黒の夜空の下、
무슨 흑의 밤하늘의 아래… 까만 밤하늘 아래?
今夜も戦うさくらの姿があった。
오늘밤도… 戦? 이 한자는 '싸움 전'이고… 사쿠라의 무엇무엇… 오늘 밤도 사쿠라가 싸운다는 말인가 보네.
相手は矢を発射して相手を攻撃するクロウカード
상대는… 화살을 발사… 상대를 공격… 크로우카드. 이어서 읽어 보면 '화살을 발사해서 상대를 공격하는 크로우카드…?'

그동안 노래 가사를 외우며 우리말과 일본어의 어순이 똑같다는 걸 알았고, 단어 몇 개와 기본적인 조사도 노래 덕분에 알고 있었으며, 덤으로 문장에 섞여 있는 한자의 의미까지 알고 있으니 정확하지는 않지만 대략적인 내용을 추측할 수 있었습니다. 히라가나로 쓰여 있는 부분은 무슨 의미인지 알 수가 없었지만 한자로 표기된 부분은 어느 정도 추측이 가능하니 신기하기도 했고 새삼 한자의 중요성도 느꼈답니다. 한자를 알고 있으니 일본어의 반은 먹고 들어가는 느낌이었다고 할까요?

**왜 한자랑
친해져야 할까?**

앞서 보신 일본어 문장으로 대충 눈치 채셨겠지만, 일본어는 문장 속에 한자가 많이 섞여 있습니다. 어려운 한자 쓰지 말고 히라가나로만 쓰면 좋을 텐데, 왜 굳이 한자를 쓰는 걸까요?

사실 한국어에도 한자어가 많지만 우리는 모두 한글로 표기하죠. 한글로만 적어도 내용을 이해하는 데 아무런 어려움이 없고, 종종 동음이의어가 문제되거나 명확한 의미를 알 수 없다면 그럴 경우에만 괄호 속에 한자를 함께 써 놓지요.

그런데 일본어는 아쉽게도 글자와 발음의 숫자가 너무 적어요. 표기할 수 있는 글자 수가 한정되어 있다 보니 동음이의어가 많아질 수밖에 없습니다.

실제로 사전으로 일본어 단어를 찾다 보면 동일한 발음에 10여개의 단어가 나열되어 있는 경우를 흔히 볼 수 있답니다. 히라가나로 'しょうか'라고만 적어 놓으면 도대체 어떤 의미로 써 놓은 건지 바로 바로 파악하기가 어렵겠죠? 그래서 문장을 빠르고 정확하게 이해하기 위해서 어쩔 수 없이 한자를 섞어서 쓰는 것이랍니다.

그렇다면 일본어에서는 한자를 어떻게 섞어서 쓸까요?

기본적으로 한국어에 있는 한자어는 일본어에서도 그대로 사용하는 경우가 많습니다. 모양이 조금 다른 한자들도 있는데요. 한국에서는 복잡한 '정자체 한자'를 사용하고, 일본에서는 좀 더 간단하게 줄인 '약자체 한자'를 사용하기 때문에 한국 한자보다 간략하게 바뀐 글자도 일부 있습니다.

| 한국어 | 일본어 |
|---|---|
| 가족(家族) | 家族(かぞく 카조쿠) |
| 학교(學校) | 学校(がっこう 각꼬-) |
| 회사(會社) | 会社(かいしゃ 카이샤) |
| 외국(外國) | 外国(がいこく 가이코쿠) |
| 도로(道路) | 道路(どうろ 도-로) |

이러한 한자어들은 의미가 똑같을 뿐만 아니라 발음까지도 비슷합니다. 한자의 '음'은 공통적으로 중국에서 건너온 소리이기 때문에 한국어와 일본어의 발음이 비슷한 것이랍니다. 그래서 때로는 우리말 발음으로 일본어의 발음을 추측해 볼 수도 있어요. 외국어의 단어가 우리말과 비슷한 발음이라니, 신기하지 않나요?

한자어를 한자로 표기하는 것은 한국어와도 비슷하니 아마 익숙할 거예요. 하지만 한국어와 크게 다른 점이라면 일본어에서는 한자어가 아닌 고유어까지도 한자로 표기한다는 것입니다. 어떤 단어들인지 살펴보도록 해요.

| 한자의 우리말 음뜻 | 일본어의 단어 표기 | 읽는 법 | 의미 |
| --- | --- | --- | --- |
| 家(집 가) | 家 | いえ | 집 |
| 車(수레 차) | 車 | くるま | 자동차 |
| 食(먹을 식) | 食べる | たべる | 먹다 |
| 走(달릴 주) | 走る | はしる | 달리다 |
| 美(아름다울 미) | 美しい | うつくしい | 아름답다 |

한자 뒤에 히라가나가 붙어 있는 단어도 있지만 어쨌든 단어의 의미는 우리가 공부하는 한자의 뜻 부분과 크게 다르지 않습니다. 그래서 기본적인 한자를 알고 있다면 일본어를 전혀 몰라도 일본어 문장을 보았을 때 대략적인 의미는 파악할 수 있는 거예요.

くるまがどうろをはしっている。
히라가나로만 적힌 이 문장은 일본어를 모르는 사람이라면 전혀 내용을 이해할 수 없습니다. 하지만 일본어에서는 이렇게 히라가나로만 문장을 쓰는 일은 별로 없어요. 한자를 모르는 어린 아이들을 위한 책이라면 히라가나만 표기하기도 하지만요.

車が道路を走っている。
보통은 이렇게 문장 속에 한자를 섞어 표기하는데요. 이 문장은 일본어를 몰라도 한자만 알고 있다면 '차…? 도로…? 달린다…? (차가 도로를 달리고 있다)' 하고 어떤 내용이 쓰여 있는지 대충 짐작해 볼 수 있겠지요.
한자를 알면 이렇게 의미를 추측할 수 있으니 단어 외우기도 한결 편해지고, 단어 외우기가 편하면 전체적인 일본어 공부도 더욱 쉽고 재미있게 느껴집니다.
일본어 공부를 '쉽게' 하느냐, '어렵게' 하느냐는 한자가 크게 좌우한다고 생각해요. 저처

しずの日本語ノート

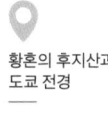

황혼의 후지산과
도쿄 전경
TOKYO

럼 기존에 한자 공부를 하다가 일본어를 시작하는 경우에는 한자에 대한 부담감이 비교적 덜합니다. 한자를 잘하지 못했다 하더라도 일단 글자 자체가 눈에 익숙하고 손으로 쓰는 것도 어렵지 않을 거예요. 또 중간중간 아는 글자가 나오면 반갑기도 할 테고, 처음 보는 글자라도 그동안 공부해 본 경험이 있기 때문에 비교적 쉽게 외울 수 있을 것입니다.

하지만 한자에 대해 아무것도 모르는 백지 상태에서 일본어를 시작하려면 여간 부담스러운 게 아닐 거예요. 단어를 외우려고 보니 다 한자로 써 있고, 한자도 외워야 하나 싶어서 외우려고 보니 도통 뭔지 모르겠고, 쓰는 순서도 모르겠고… 거의 맨땅에 헤딩하는 수준입니다.

사실 한자는 기본만 알면 의외로 별거 아닌 글자입니다. 사물의 모양이나 형상에서 글자가 만들어졌고, 여러 글자가 조합되어 하나의 글자가 되기도 합니다. 한자는 글자 하나하나에 의미가 담겨 있기 때문에 기초적인 한자와 '부수' 정도만 이해하고 있어도 한자 외우기가 훨씬 수월해져요. 지금까지 한자 공부를 해 본 경험이 전혀 없다면, 일본어를 시작하기 전에 기초 한자부터 미리 공부해 보세요. 많이 할 필요도 없고 가장 기초 수준인 7~8급 정도면 충분합니다. 초등학교 저학년 아이들이 공부하는 수준이니 절대 어렵지 않습니다! 서점에 가서서 일본어 코너가 아닌, 일반 한자 코너에서 기초 한자 교재를 골라서 지금 바로 공부해 보세요.

한자는 형상을 본떠 만든 글자라고 말씀드렸죠? 그렇기 때문에 '그림'과 함께 공부해야 이해가 쉽습니다. 한자 교재를 고를 때에는 가능하면 그림이 첨부된 책을 선택하도록 하세요. 그림과 함께 기초 한자를 쭉 공부하고 나면 한자가 왜 이런 모양으로 생겼는지 이해도 잘 되고 조금이나마 친근하게 느낄 수 있을 거예요.

'나는 당장 일본어 공부를 하고 싶은데 웬 한자 공부?' 이런 생각을 하는 학습자가 있을지도 모르겠어요. 하지만 일본어 공부와 한자는 절대 떼 놓을 수 없답니다. 일본어를 그만 두는 순간까지 함께 가야 하는 애증의 글자예요. 그러니 장기적으로 보았을 때 미리미리 한자와 친해 두는 것이 일본어 공부에 유리하다고 할 수 있어요. 일본어 공부를 하겠다고 맘먹은 이상, 한자가 어렵고 싫다고 피하기만 해서는 안 됩니다! 마음을 활짝 열고 한자와 사랑에 빠질 준비를 해 보세요.

**닮은 듯 다른**
**일본어 한자**

기존에 우리나라 한자를 공부해 보신 분이라면 '어라? 일본어 한자랑 우리나라 한자랑 모양이 조금 다른 것 같은데?' 하는 느낌을 받을 때가 있을 거예요. 우리나라에서 사용하는 한자는 가장 복잡한 '정자체'이지만 일본에서는 정자체보다 약간 간소한 '약자체' 한자를 사용하거든요.

| 정자체 | 學 | 體 | 神 | 平 | 滿 | 步 | 送 |
| --- | --- | --- | --- | --- | --- | --- | --- |
| 약자체 | 学 | 体 | 神 | 平 | 満 | 歩 | 送 |

눈에 띄게 간략해진 글자도 있고 미묘한 변화가 있는 글자도 있죠? 일본어 공부를 할 때에는 이러한 '약자체 한자'를 써야 하는데요. 엇, 그러면 처음부터 우리나라 한자 말고 약자체로 공부해야 하는 거 아닌가요?
제가 직접 공부해 본 결과 정자체를 먼저 알고 있어도 일본어 공부를 하는 데 전혀 지장이 없었습니다. 약자체로 쓰는 건 일부 한자에 한정되기 때문에 기본적으로는 정자체와 동일하게 쓰는 글자가 많고요. 약자체라 해도 전체적인 모양은 정자체와 거의 비슷하기

때문에 정자체만 제대로 알고 있으면 눈으로 읽는 데 어려움이 없습니다. 다만 손으로 쓸 때에는 평소에 정자체로 쓰던 버릇 때문에 종종 혼동하여 쓰는 경우가 있었는데요. 이것도 일본어를 공부하는 과정에서 지속적으로 약자체를 접하다 보니 점차 약자체가 손에 익어 아무런 문제가 되지 않았습니다. 그러니 처음 한자 공부를 하시려는 분들은 약자체에 대해 크게 걱정하지 마시고 정자체 한자로 공부하셔도 괜찮습니다.

그런데 요즘 스마트폰이나 태블릿 등 모바일로 일본어 공부를 하려는 분들도 많으시죠? 모바일의 경우 언어설정을 일본어로 바꾸지 않으면 일부 한자에서 일본식 약자체가 정상적으로 표기되지 않는 문제가 발생합니다. PC의 경우도 해당 페이지의 폰트 설정이나 PC 환경에 따라 약자체 표기가 안 되는 경우가 있으니 인터넷을 통해 공부하실 때에는 이 점을 주의하셔야 해요. 초급 학습자라면 가급적 인터넷이 아닌 시중의 교재를 통해 공부하시기를 권해드립니다. 그래야만 올바른 일본어 약자체를 익힐 수 있으니까요.

아래는 일본어 학습자들이 많이 틀리는 일본어 약자체입니다. 꼭 기억해 뒀다가 올바르게 쓰도록 합시다!

| 정자체 | 약자체 | 음 뜻 | |
|---|---|---|---|
| 包 | 包 | 쌀 포 | 巳가 아닌 己로 쓰는 것이 일본식 한자 |
| 選 | 選 | 고를 선 | |
| 社 | 社 | 모일 사 | 示가 아닌 ネ로 쓰는 것이 일본식 한자 |
| 祝 | 祝 | 빌 축 | |
| 平 | 平 | 평평할 평 | 점을 八자가 뒤집어진 형태로 쓰는 것이 일본식 한자 |
| 消 | 消 | 사라질 소 | |
| 道 | 道 | 길 도 | 점을 하나만 찍는 것이 일본식 한자 |
| 海 | 海 | 바다 해 | 가운데 점을 찍지 않고 한 줄로 이어서 쓰는 것이 일본식 한자 |
| | 母 | 어미 모 | (단, '어미 모'자는 일본식 한자에서도 똑같이 점 두 개!) |
| 者 | 者 | 놈 자 | '놈 자'의 日 위에 점이 없어야 일본식 한자 |
| 都 | 都 | 도읍 도 | |
| 步 | 歩 | 걸음 보 | '걸음 보'자는 사선 위에 점이 하나 추가된 것이 일본식 한자 |
| 練 | 練 | 익힐 련 | 가운데 부분에 점을 찍는 것이 아니라 한 줄로 이어서 쓰는 것이 일본식 한자 |
| 增 | 増 | 더할 증 | |

**한자도 알고 보면**
**귀요미**

　　　한자를 잘 외우는 방법은 역시 손으로 무조건 쓰는 것이 최고입니다. 획이 복잡하기도 하고 비슷비슷한 글자도 많기 때문에 눈으로만 봐서는 제대로 외울 수 없거든요. 하지만 한자 쓰기, 정말 지루하고 재미도 없죠.

일반적으로 '교재'에 쓰여 있는 한자를 보면 어떤 느낌이 드나요? 보통 붓글씨 같은 글씨체나 딱딱한 인쇄체로 되어 있는 책이 많은데, 저는 보기만 해도 고리타분하고 지루한 느낌이 들더군요. 고리타분한 글씨를 보고 쓰기 연습을 하려니 재미있을 리 없었지요. 그런데 어느 날, 인터넷으로 좋아하는 애니메이션 그림을 찾다가 귀여운 느낌이 가득한 톡톡 튀는 한자 글씨체를 우연히 보게 되었습니다.

이 글씨를 보고 신선한 충격을 받았어요. 한자는 무조건 어른스럽고 진지한(?) 글씨체로만 써야 하는 줄 알았는데, 이렇게 귀엽게 쓸 수도 있다니! 이런 귀여운 한자라면 얼마든지 쓰고 싶다!

그날부터 저는 따분해 보이는 글씨체를 귀엽게 바꾸기 위해 피나는 연습을 했습니다. 처음에는 이 글씨를 복사해서 그대로 위에 그려 보기도 하고, 어떻게 쓰면 한자가 귀엽게 되는지 글자 한 획 한 획 유심히 관찰하며 수십 번, 수백 번을 쓰고 또 쓰며 조금씩 글씨체를 바꾸어 나갔습니다.

애초에 한자 공부를 하려던 것은 아니었지만 글씨 연습을 하는 과정에서 한자를 많이 썼더니 저절로 한자가 외워졌어요. 조금씩 내 취향대로 귀엽게 바뀌어 가는 한자를 보니 뿌듯하기도 했고, 그럴수록 점점 더 한자 쓰기가 재미있게 느껴졌습니다. '한자 공부'라는 생각보다는 '예쁜 글씨 연습'이라 생각하고 쓰니까 즐거웠던 것이죠.

한자는 일본어와 떼려야 뗄 수 없는 관계이기 때문에 어떻게든 '즐겁게' 공부하는 방법을 찾는 것이 중요합니다. 또한 손으로 직접 쓰면서 연습해야 하니 쓰는 과정도 재미있게 할 수 있다면 더없이 좋겠지요. 저처럼 귀여운 글씨 쓰기에 관심이 많은 학습자라면 이번 기회에 한자도 귀엽게 써 보는 건 어떤가요? 한자에 한 발짝 다가갈 수 있는 계기가 될 거예요. 워크북 12쪽에 있는 손글씨 한자를 보며 연습해 보세요.

📖 일본어 토막 상식

## 々 너는 정체가 뭐니?

일본어 문장 속에서 종종 々이런 글자를 본 적이 있을 거예요. 가타카나도 아니고 한자도 아닌 것이 도대체 정체가 뭔지 궁금해 하시는 분들이 계신데요. 이 글자는 앞에 있는 한자를 한 번 더 반복한다는 의미입니다. 그러니까 日々(ひび, 나날)=日日 / 時々(ときどき, 때때로)=時時  色々(いろいろ, 여러가지)=色色 라고 생각하면 돼요. 이 글자 자체에는 발음이 없으며 앞에 나온 한자의 발음에 따라 읽는 법이 정해집니다.

# 03 JAPANESE

## 일본어 공부의 재료를 준비하자, 단어 외우기

# 03. 일본어 공부의 재료를 준비하자, 단어 외우기

**많이 알수록**
**좋은 단어**

　　　　'아는 만큼 들린다'는 말이 있죠. 일본어뿐만 아니라 모든 외국어에 적용되는 말일 거예요. 저는 일본 애니메이션을 좋아했기 때문에 일본어 공부를 하기 전부터 즐겨 봤습니다. 물론 자막과 함께였죠. 처음에는 일본어를 전혀 모르니 한쪽 귀로 들어오는 일본어들이 줄줄줄 반대쪽 귀로 흘러 나갈 뿐이었습니다. 그러던 어느 날 'やっぱり(역시)'라는 단어를 알게 되었는데요. 신기하게도 그날 이후로 やっぱり 하나는 귀신같이 알아들을 수 있게 되었습니다. 애니메이션을 보고 있으면 다른 대사들은 여전히 반대쪽 귀로 줄줄 새어 나가는데, やっぱり만 들리면 '앗! 지금 やっぱり라고 했다!' 하고 やっぱり 하나만 귀에 쏙쏙 들어왔어요.
이와 같이 다른 건 다 몰라도 유일하게 알고 있는 특정 단어만 정확하게 알아들었던 경험, 꼭 일본어가 아니라도 영어나 다른 외국어를 공부하면서 한 번쯤 겪어 보지 않으셨나요? 저는 언어 실력을 가장 크게 좌우하는 것이 바로 '어휘력'이라고 생각합니다. 문법을 정확히 모르더라도 단어만 알면 어떻게든 의사를 전달할 수 있고, 글을 읽을 때에도 기본적으로 단어를 알아야 내용을 이해할 수 있지요. 듣기를 할 때에도 꼭 아는 단어만 골라서 들립니다. 모르는 단어는 절대 들리지 않아요. 또한 일본어로 글을 쓸 때에도 내가 아는 단어로만 문장을 만들 수 있습니다. 그래서 기초 문법을 공부할 때에도, 독해 공부를 할 때에도, 듣기 공부를 할 때에도, 심지어 회화 공부를 할 때에도 단어 공부는 항상 그림자처럼 따라다녀야 합니다.
요리를 할 때 재료가 많아야 그만큼 재료 선택의 폭이 넓어지고 다양한 요리를 만들 수 있죠? 일본어 공부를 할 때에도 재료가 되는 단어를 많이 준비해 놓아야 그때그때 상황에 따라 필요한 단어를 골라서 사용할 수 있답니다. 그만큼 단어 공부가 중요하다는 사실을 기억해 주세요.

**일본어로는 한자를
어떻게 읽고 쓸까?**

일본어 단어는 대부분이 한자로 이루어져 있기 때문에 단어 공부를 하려면 일본어로 한자를 어떻게 읽어야 하는지 알아야 합니다. 본격적으로 단어 공부에 대한 이야기를 하기에 앞서 일본어의 한자 사용법에 대해 말씀드릴게요.

우리나라에서는 한자를 '음' 으로만 읽고 쓰죠. 食(먹을 식) 이라는 한자로 단어를 만들려면, '식사(食事)', '육식(肉食)', '식당(食堂)' 과 같은 '한자어' 에만 한자를 적용할 수 있습니다. 또한 읽을 때에도 항상 '식'이라는 음으로만 읽어요. 이 한자에 '먹다'라는 뜻이 있긴 하지만 '먹다', '먹보' 와 같은 순 우리말은 한자로 표기할 수 없지요.

그런데 일본어에서는 한자어뿐만 아니라 '먹다' '먹보'와 같은 고유어까지도 '食다 / 食보'로 표기하고 이것을 '먹다 / 먹보' 라고 읽는다고 이해하면 됩니다. '食堂'의 '食'은 식이라고 읽는데 '食다'의 '食'은 '먹'이라고 읽는 것. 이렇게 똑같은 한자인데도 경우에 따라 '음'으로도 읽고 '뜻'으로도 읽는 것이 바로 일본식 한자 읽기입니다.

한자를 '음'으로 읽는 것을 '음독'이라고 해요. 우리나라 한자는 항상 '음독'을 하죠. '음독'의 기원은 중국에서 건너온 발음이기 때문에 한국어, 중국어, 일본어의 발음이 비슷한 경우도 많아요. '食'만 예로 들어 보아도 한국어=식, 일본어=しょく(쇼쿠), 중국어=shi 이 정도면 얼추 비슷하죠? 그래서 한자를 우리말로 읽을 줄 알면 일본어의 '음독'도 어느 정도 유추할 수 있답니다. 대체로 '한자어'에 해당하는 단어들을 '음독'으로 읽는다고 생각하면 됩니다.

반면 한자를 '뜻'으로 읽는 것이 '훈독'이에요. 한국어에는 없는 개념이죠. 위의 예처럼 食이란 한자를 '먹-다(た・べる)'라고 읽는다든가, 水를 '물(みず)'이라고 읽고, 木을 '나무(き)'라고 읽는 것이 '훈독'이랍니다. 보시다시피 한자어가 아닌 '고유어'를 주로 훈독으로 읽습니다.

일본어의 한자에는 기본적으로 '음독'과 '훈독' 두 종류의 발음이 존재하는데요. 글자에 따라 훈독만 있는 경우도, 음독만 있는 경우도 있답니다. 일단은 음독이 뭔지, 훈독이 뭔지 그 개념만 살짝 알아 두세요.

**음독과 훈독을
외우지 마세요**

앞서 일본어의 한자 읽기 방법인 '음독'과 '훈독'에 대해 이야기 했는데요. 한자 자체만으로도 어려운데 읽는 방법까지 여러 개라니… 그 많은 음을 다 외워야 하는 건가, 걱정부터 앞서는 학습자 분들 많으실 것 같네요. 결론부터 말씀드리자면 제목에도 나와 있듯이, 음독과 훈독은 외우지 않으셔도 됩니다!

한국식 한자 공부법은 한자의 음뜻을 달달 외우는 것인데요. 그래서 일본어 한자도 음독과 훈독을 외우면 단어 외우기가 좀 쉬워질까 하는 생각에 한자 교재를 구입하고, 그 많은 음독과 훈독을 달달 외우며 공부하시는 분들이 많은 것 같아요. 저도 한때 잠깐 한자의 음훈독을 외워보려고 단어장에 정리해 보기도 했어요. 하지만 딱 두 장 정리하고 그만뒀습니다. 왜냐하면 이 방법이 전혀 효율적이지 않다는 것을 직접 느꼈거든요.

음독과 훈독을 외우는 이유는 '한자로 표기된 단어를 잘 읽기 위해서'일 것입니다. 그런데 음독과 훈독을 아무리 힘들여 외운다 한들 안타깝게도 단어는 정확히 읽을 수 없습니다. 한국어에서는 한자가 어떤 단어에 들어가도 다 똑같은 음으로 읽지만 일본어는 그렇지 않기 때문이에요. 똑같은 한자인데도 어떤 단어에 쓰였느냐에 따라 읽는 법이 마구 달라지기도 합니다.

동일한 한자의 발음이 단어 속에서 어떻게 달라지는지 직접 살펴 보아요.

生
날 생

生産(せいさん) 생산
学生(がくせい) 학생
一生(いっしょう) 평생
誕生(たんじょう) 탄생
生(なま) 날것, 생
生む(うむ) 낳다
生える(はえる) 나다, 돋다
生地(きじ) 옷감

日
날 일

日(ひ) 해
日曜日(にちようび) 일요일
休日(きゅうじつ) 휴일
日記(にっき) 일기
日本(にほん) 일본

어떤가요? 한자는 같은데 단어마다 읽는 법이 제각각이죠? 이러니 한자의 음독과 훈독을 외우는 건 단어 읽기에 별로 도움을 주지 못합니다. 단어를 제대로 읽으려면 결국 단어를 다시 외워야 하거든요. 그럴 바에야 처음부터 단어만 외우는 게 효율적이겠지요.

또 한 가지, 대표적인 일본어 시험인 '일본어 능력시험'과 'JPT'에서도 단어를 읽으라는 문제가 나오지, 한자의 음독이나 훈독을 고르라는 문제는 전혀 나오지 않는답니다. 굳이 힘들여 외울 필요가 없다는 말이죠. 한자 하나하나의 음독과 훈독을 외우는 것이 아니라 '生む'라는 단어를 봤다면 'うむ'라고 읽고, '誕生'라는 단어를 봤다면 'たんじょう'라고 읽을 수 있도록 공부하는 것이 일본어의 한자 공부이자 단어 공부라고 생각하시면 됩니다.

이러한 이유 때문에 저는 한자 공부를 해 보겠다고 음독, 훈독을 단어장에 정리하다가 이건 아니다 싶어 바로 중단한 뒤 기초 단어 외우기에 집중했어요. 따로 단어책을 사지도 않았고, 그저 공부 중인 입문서에 나온 단어들을 단어장에 정리하며 철저하게 외웠습니다. 그렇게 6개월의 입문서 과정을 마치고 나니 기초 어휘가 탄탄하게 잡혀 있었어요.

기초 어휘력이 쌓이고 나면 한자를 읽는 '눈치'라는 것이 생깁니다. 예를 들어 記号라는 단어를 처음 봤더라도, '記'는 '日記(にっき, 일기)'의 '기'니까 'き'라고 읽겠고, '号'는 '電話番号(でんわばんごう, 전화번호)'의 '호'니까 'ごう', 그러니까 합쳐서 'きごう'라고 읽으며 뜻은 '기호'구나! 하는 식으로 읽을 수 있게 됩니다. 음독과 훈독을 따로 외우지 않았어도 그 동안 외웠던 단어들을 바탕으로 새로운 단어의 읽는 법을 유추해 낼 수 있는 거예요. 이렇게 한자를 읽는 눈치가 생기면 이후로는 단어 외우기에도 제법 속도가 붙습니다. 그러니 초급 단계에서는 한자의 음독 훈독과 씨름할 게 아니라, 우선 초급 레벨의 단어를 정확히 외우며 기초 어휘력을 쌓는 것이 중요합니다.

오사카 밤과
낮의 거리 풍경

OSAKA

**PAGE: 051**

시즈의
일본어 노트
しずの日本語ノ

**후리가나? 오쿠리가나?**
**요미가나?**

한자로 된 일본어 단어를 공부하다 보면 간혹 '후리가나', '요미가나'와 같은 용어들을 접하게 되는데요. '히라가나'는 알겠는데 이건 또 뭐지?! 하고 혼란스러워 하는 학습자가 계시지 않을까 싶네요. 왜냐하면 저도 그랬거든요. 학원에서도 이 '~가나'들의 개념에 대해 배운 적이 없어서 뭐가 뭔지 잘 모르는 채로 있다가 나중에 일본인 친구에게 물어보고 나서야 정확히 알게 되었답니다. 알아두면 유용한 가나 3종세트! 지금 바로 살펴봅시다.

**후리가나(振り仮名)**

明자 위에 작게 쓰여 있는 あか가 후리가나. 가로쓰기의 경우에는 한자 바로 위, 세로쓰기의 경우에는 한자의 오른쪽에 작게 적혀 있는 글자를 가리킵니다. 한자를 잘 모르는 사람들도 쉽게 읽을 수 있도록 한자 읽는 법을 적어 놓은 거예요. 초급 학습자들이 보는 교재에는 대부분 후리가나가 달려 있지만 상급으로 올라갈수록 후리가나의 수가 적어집니다. 일본인들이 읽는 일본어 원서도 어린이를 대상으로 한 책에는 후리가나가 있지만 일반 소설책 등에서는 후리가나를 거의 찾아볼 수 없답니다. 후리가나가 없어도 일본어 문장을 술술 읽을 수 있도록 단어 공부를 많이 해야겠죠. 참고로 후리가나는 ルビ(루비)라고 부르기도 합니다.

### 오쿠리가나(送り仮名)

明 자 바로 뒤에 따라오는 るい가 오쿠리가나. 오쿠리가나는 주로 동사나 형용사에서 볼 수 있습니다. 한자 바로 뒤에 붙어 있는 글자를 가리키는데요. 한자와 오쿠리가나가 세트로 한 단어입니다. 때로는 동일한 한자라도 오쿠리가나에 따라 읽는 법이 달라지는 경우가 있어요. 通う / 通る / 通じる 세 단어에 모두 같은 한자가 들어 있죠? 하지만 오쿠리가나가 각각 달라요. 그래서 한자의 발음도 모두 다르답니다. (かよう / とおる / つうじる)

### 요미가나(読み仮名)

단어 전체의 읽는 법을 적어놓은 글자가 요미가나입니다. 明るい의 요미가나는 'あかるい'겠죠? 일본어 시험에서 '다음 단어의 요미가나를 쓰세요'라는 문제가 나왔다면 '食べる'는 'たべる', '飲み物'는 'のみもの' 이런 식으로 단어를 히라가나로 적으면 됩니다. 학습자들이 요미가나를 쓸 때는 히라가나로 쓰는 것이 일반적이긴 하지만 일본에서는 경우에 따라 가타카나로 쓰기도 해요.

**일본어 단어,
어떤 책으로 공부하지?**

### 시중의 단어책

단어 공부를 할 때 가장 먼저 떠올리는 책이죠. 초급자용 단어, 시험 대비용 단어, 비즈니스 단어 등 레벨과 용도에 따라 종류가 다양합니다. 단어의 구성 또한 다양한데요. 단어의 특성에 따라 일상, 회사, 학교, 날씨와 같이 분야별로 분류해 놓은 책도 있고, 명사, 형용사, 동사, 부사와 같이 품사별로 분류한 책도 있습니다. 많은 양의 단어를 공부할 수 있다는 점에서 좋지만 한 가지 단점이라면, 대부분의 책들이 단어를 '오십음도 순서'로 배열해 놓는다는 것입니다. 일본어의 단어 공부는 뜻을 외우는 것도 중요하지만 '한자 읽기'가 주를 이루는데, 오십음도 순서로 배열된 단어로는 한자 읽기를 제대로 연습할 수 없습니다. 읽는 법을 잘 몰라도 앞뒤 단어를 보고 추측할 수 있기 때문이죠. 동음이의어가 한곳에 쪼르르 모여 있는 경우도 있어요. 그래서 단어책을 이용하여 나만의 단어장을 만들 때에는 반드시 단어의 순서를 섞어서 정리하는 것이 좋습니다.

### 입문서나 문법책 등 일반 교재

단어 공부는 꼭 단어책으로만 할 수 있는 게 아닙니다. 일본어 기초를 공부하시는 분들이라면 기본적으로 입문서 하나씩은 갖고 계실 거예요. 입문서가 아니라도 문법 교재나 회화 교재 등 다양한 교재가 있죠. 이러한 교재에도 수많은 단어들이 나옵니다. 페이지 한쪽에 '새로 나온 단어'가 정리되어 있기도 하고, 혹은 공부하면서 문장 속에 모르는 단어가 나올 때도 있을 거예요. 이런 단어들을 모아서 직접 단어장을 만든다면 굳이 단어책을 구입할 필요가 없답니다.

특히 기초 단계를 공부할 때에는 입문서에 나온 단어들을 진도에 맞춰 암기하는 것이 최

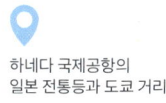

하네다 국제공항의
일본 전통등과 도쿄 거리
TOKYO

우선입니다. 실제로 입문서에 나온 단어만 외워도 그 양이 상당히 많아요. 그러니 처음에는 단어책을 따로 구입하지 말고, 입문서 단어들로 단어장을 만들어서 공부해 보세요. 입문서 단어를 다 외운 후에 단어책을 구입해도 늦지 않습니다. 저 또한 입문서로 기초를 공부하던 시기에는 단어책을 따로 구입하지 않았어요. 학원에서 공부하던 입문서나 집에서 개별적으로 보던 교재들의 단어만 정리하여 외웠는데도 전혀 부족함이 없었습니다.

### 일본어 한자 교재

일본어 한자 교재는 '똑같은 한자가 들어간 단어들을 모아 놓은 단어책'이라 생각하면 됩니다. 특정 한자를 큼직하게 써 놓고, 그 한자의 우리말 음뜻, 일본어 음독과 훈독을 소개하고 옆에는 그 한자가 들어간 여러 가지 단어들이 나와 있는 것이 기본 구성입니다. 앞에서도 말씀 드렸지만 음독과 훈독은 외울 필요가 없으니 살짝 참고만 하고요. 예로 나온 단어들만 단어장에 정리해서 외우면 됩니다.

참고로 일본어 한자 교재로 흔히 사용되는 것이 '상용한자' 교재인데요. 상용한자란 일상에서 많이 쓰이는 2,136개의 한자이며, 일본인들도 초등학교부터 고등학교까지 12년의 교육과정을 통해 배우는 내용입니다. 그러니 절대 단시간에 습득할 수 있는 부분이 아니에요. 그렇다보니 상용한자 교재는 초급부터 상급까지 모든 수준의 단어들이 뒤섞여 있으며 일단 2000개라는 한자의 개수에 압도됩니다. 이거 언제 다 외우지? 하고 시작하기 전부터 질리는 경우도 있어요. 그렇기 때문에 저는 초급자가 상용한자 교재로 공부하는 것은 별로 추천해 드리지 않습니다. 초급 단계에서는 입문서의 단어만 외워도 충분하다는 게 제 생각이지만 그래도 꼭 한자 교재로 공부하고 싶다! 그렇다면 상용한자가 아닌 일본어능력시험 N4~5 레벨에 해당하는 한자 교재나 일본어 '기초 한자' 종류의 교재를 선택하세요. 그래야만 쉬운 단어부터 차근차근 공부할 수 있답니다. 상용한자는 중상급 이상의 어휘력을 갖춘 후에 본인의 필요에 따라 공부하면 된답니다.

### 네이버 사전에서 제공하는 단어장

요즘에는 인터넷으로도 얼마든지 학습 자료를 얻을 수 있습니다. 네이버에서 제공하는 일본어 사전의 단어장 기능도 그중 하나죠. 책값 아끼려고 이 단어장으로 공부하시는 분들도 상당히 많은 것 같은데요. 하지만 일본어에 대한 지식이 별로 없는 초급자 분들께 네이버 단어장은 추천하고 싶지 않습니다. 그 이유는 '한자 표기'에 대한 문제 때문이에요.

일본어 단어 중에는 원래 한자 표기가 존재하지만 실제로는 한자를 쓰지 않고 히라가나로만 표기하는 단어들도 상당히 많습니다. 생소하거나 어려운 한자를 사용하는 단어들이 그런 경우인데요. 이런 단어들은 한자 표기를 외울 필요가 없고 그냥 히라가나로 알아 두면 됩니다. 하지만 네이버 단어장은 '사전'을 기반으로 하고 있기 때문에 일반적으로 히라가나 표기를 하는 단어의 한자까지도 고스란히 담고 있어요.

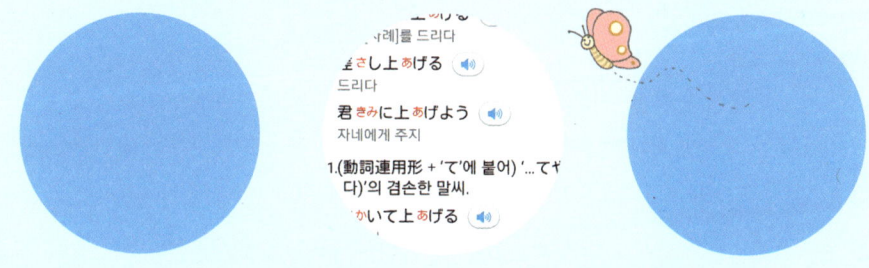

네이버 단어장에 실린 あの에 대한 내용입니다. あの는 항상 히라가나로만 표기하는 단어인데 사전에는 이렇게 한자로 표기되어 있어요.
'사과'라는 뜻의 りんご에도 사실 한자 표기가 있지만 실제로는 히라가나 혹은 가타카나로 표기하는 경우가 대부분이에요.
あげる는 약간 독특한데요. 일반적으로 '올리다'라는 의미로 사용할 때에는 한자 표기를 하지만 '주다'라는 의미로 사용할 때에는 히라가나로만 표기합니다. 하지만 네이버 사전에는 모두 다 한자로 표기되어 있는 것을 볼 수 있어요.

초급자 분들은 어떤 단어를 히라가나로 표기하고, 어떤 단어를 한자로 표기하는지 아직 구분을 할 수 없습니다. 그러니 사전을 보며 단어를 외우면 불필요한 한자까지도 외우기 일쑤예요. 초급자가 공부하기에는 뭐니뭐니해도 시중에 판매되고 있는 초급자용 교재가 가장 좋습니다. 교재를 보고 공부해야 한자 표기나 히라가나 표기에 대한 감을 키울 수 있어요.
이미 이런저런 다양한 교재를 갖고 있다면 교재에 나온 단어들을 골라서 나만의 단어장을 만들어 보고, 만약 교재 없이 인터넷에만 의지해서 공부하고 있었다면 이번 기회에 입문서나 단어책 하나쯤은 구입하는 것이 좋겠습니다.

**한자로 표기하는 단어,**
**이렇게 외워 봐요**

　　　　일본어 단어 중 히라가나로만 표기하는 단어나 가타카나로 표기하는 단어는 우리말 뜻만 외우면 되기 때문에 크게 문제되지 않는데요. 한자로 표기하는 단어들은 반드시 아래 세 가지 포인트에 맞춰서 꼼꼼하게 외워야 합니다.

첫째, 단어의 뜻 외우기
둘째, 한자 읽는 법 외우기
셋째, 한자 쓰는 법 외우기 (선택적으로)

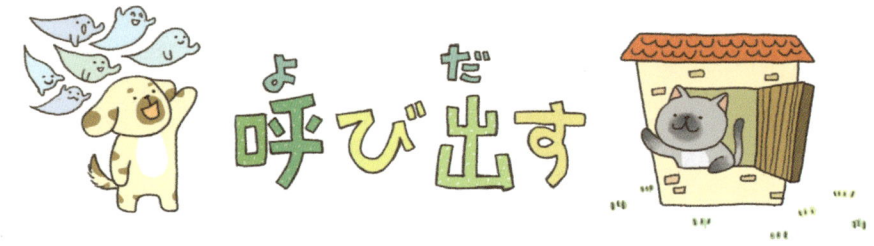

呼(よ)び出(だ)す
불러내다

이 단어를 외운다면, '呼び出す'라는 글자를 보았을 때 기본적으로 '불러내다'라는 뜻을 알아야 하고, 'よびだす'라고 정확히 읽을 수 있어야 합니다. 나아가서는 よびだす라는 말을 들었을 때 히라가나가 아닌 '呼び出す'라고 한자로도 쓸 수 있어야 해요. 이렇게 세 가지 포인트를 외우는 것이 일본어의 단어 공부입니다. 히라가나와 가타카나 표기 단어들은 일본어와 우리말 뜻만 정확히 대입하여 외우면 OK.

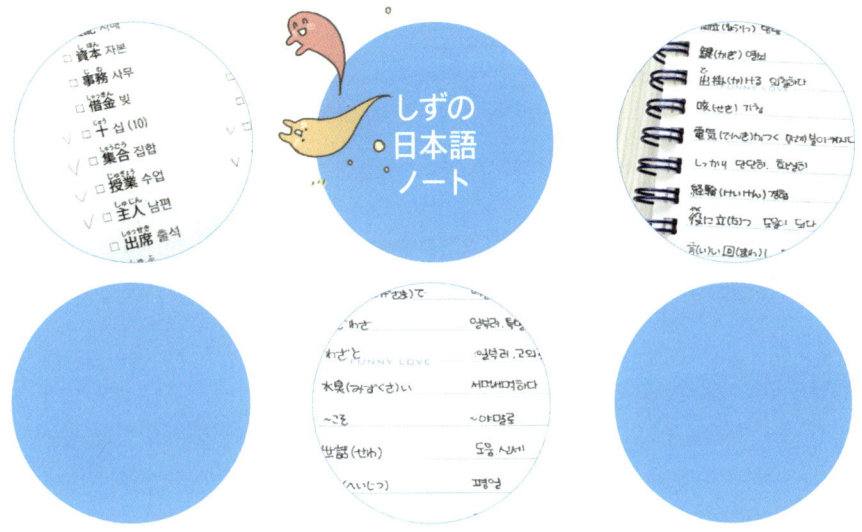

하지만 시중의 교재만 갖고 단어를 공부하면 이미 내가 알고 있는 단어가 섞여 있기도 하고, 책의 구성상 단어를 제대로 외운 건지 확인하기가 쉽지 않습니다.
그래서 내가 모르는 단어만 골라 100% 확실하게 외우기 위해서는, 위에서 말한 세 가지 포인트를 꼼꼼히 테스트할 수 있는 '나만의 단어장'을 만들어야 하는 것이랍니다. 단어 공부를 제대로 하고 싶다면 꼭 단어장을 직접 만들어서 공부해 보세요.

저는 처음 일본어 사전을 구입한 이후로 항상 단어장을 제 손으로 만들었습니다. 좋아하는 애니메이션 원서를 읽으며 사전으로 찾아본 단어를 정리하기도 했고, 학원에서 공부하는 기초반 수업 교재의 단어들도 정리했으며, JPT나 일본어능력시험과 같은 시험공부를 할 때에도 모두 단어장을 직접 만들어서 공부했어요.

일본어 공부를 시작한 지 얼마 되지 않았을 때 정리했던 단어인데요. 이 때는 공부 경력이 짧아 정리하는 요령이 없었어요. 한자의 독음도 한자 바로 옆에 괄호로 써 놓았고 단어의 뜻도 그 옆에 바로 적었습니다. 보기에도 깔끔하지 않았고, 단어를 외웠나 안 외웠나 확인하기도 어려웠죠. 그래서 약간 업그레이드 하여 정리한 것이 2단 정리입니다. 수첩을 두 칸으로 나눠 일본어와 우리말 뜻을 분리하여 정리했어요. 여전히 한자의 독음은 한자 바로 옆에 써 놓은 상태입니다. 이 정리법은 히라가나와 가타카나 표기 단어를 외우기에는 적절했지만 한자 표기 단어에는 적합하지 않다는 것을 느꼈어요.

단어 뜻뿐만 아니라 한자 읽기까지 제대로 외우기 위해서는 한자와 독음을 분리하여 정리할 필요가 있었습니다. 그리하여 최종적으로 업그레이드 한 3단 정리. 수첩을 세 칸으로 나누어 한자 따로, 읽는 법 따로, 우리말 뜻 따로, 모두 분리하여 정리한 방법이에요. 이렇게 하면 일본어 단어 외우기의 세 가지 포인트에 맞춰 제대로 테스트 하며 외울 수 있답니다. 이후로 지금까지 시험 대비용 단어장을 만들 때에는 항상 3단으로 정리해 왔습니다.

**나만의
단어장을 만들자**

저는 지금까지 공부해 오는 과정에서 다양한 방법으로 수많은 단어장을 만들어 봤어요. 그 중 가장 괜찮다고 생각하는 방법을 알려 드리겠습니다. 단어장을 어떻게 만들어야 할지 고민이라면 제 방법을 따라해 보세요.

( 준비물 )

A5 사이즈의 노트 (15cm × 21cm 정도), 단어 정리할 입문서

글씨를 크게 쓰는 편이라면 칸이 넓은 초등학생 노트를 사용하셔도 좋습니다. 입문서와 같이 한자표기 단어, 가타카나 단어 등이 섞여있는 책으로 깔끔하게 단어장을 정리하는 요령입니다.

1) 노트를 4등분으로 접습니다. 구분선은 그려도 좋고 안 그려도 좋고 자유롭게!
2) 먼저 한자가 들어있는 단어만 골라서 첫번째 칸에 쭉 옮겨 적습니다.
3) 두번째 칸에 단어의 요미가나, 세번째 칸에는 단어의 뜻을 적어 주세요.
4) 한자가 없는 단어들은 첫번째 칸을 비워두고 두번째 칸에 일본어, 세번째 칸에 우리말 뜻을 적습니다.
5) 네번째 칸은 공부한 날짜를 적거나 못 외운 단어를 체크하는 등 메모 용도로 활용합니다. 워크북 14쪽을 펴고 직접 단어장 만드는 연습을 해 보세요.

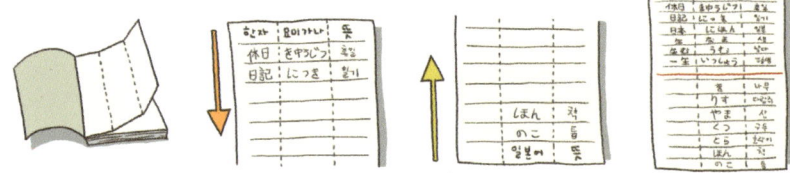

*4등분을 했을 때 칸이 좁다면 3등분으로 접어서 사용하세요.
*한자 표기 단어는 위에서 아래로, 한자가 없는 단어는 아래에서 위로 적으며 정리하면 좀더 깔끔하게 구분할 수 있어요.

입문서 중에는 초반에 한자표기 없이 히라가나로만 나와 있는 책들이 있는데요. 위의 방법으로 정리한다면 나중에 한자를 알게 되었을 때 첫번째 칸에 한자를 추가해서 적을 수 있습니다.

간혹 한자까지 같이 공부하고 싶은 마음에 사전으로 일일이 한자를 찾아서 적어 놓는 학습자도 계신데요. 사전에 한자가 나와 있더라도 실제로는 한자표기를 하지 않는 단어들도 많으니 무리해서 한자를 찾을 필요는 없습니다. 앞으로 공부해 나가는 과정에서 자연스럽게 한자를 익혀 나가게 될 테니 부담 갖지 마시고 책에 나온 대로만 공부하세요!

시중에 판매되는 단어장이나 시험 대비용 단어 교재의 경우에는 한자를 쓰는 단어와 한

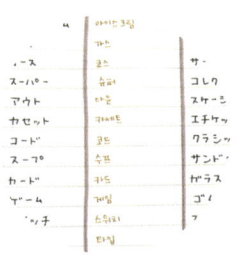

자가 없는 단어가 명확히 구분되어 실려있는 책도 있습니다. 이럴 때는 한자표기 단어는 앞서 설명한 방법대로 [한자/요미가나/뜻/메모] 형식으로 정리하고 한자표기가 없는 단어는 [일본어/뜻/일본어/뜻] 이렇게 한 줄에 단어를 두 개씩 정리해도 좋습니다.

**기억에 오래 남는
단어 빽빽이**

단어장을 만들었다고 단어가 외워지는 건 아니죠. 단어를 완벽하게 내 머릿속에 넣으려면 단어장을 사용하여 공부를 해야 합니다. 특별한 요령은 없어요! 열심히 손으로 쓰면서 외워야 한답니다. 특히 한자로 표기하는 단어들은 한자를 정확히 익히기 위해서 반드시 손으로 써 봐야 해요.

저 역시 항상 손으로 수십번씩 단어 빽빽이를 하며 외웠는데요. 그냥 무작정 쓰는 것이 아니라 약간의 규칙을 정해 놓고 빽빽이를 했습니다. 바로 '조금씩 여러 번' 쓴다는 규칙이었어요. 단어 하나를 총 10번 쓴다고 가정했을 때, 한 번에 10번을 쓰는 게 아니라 4번 쓰고 쉬고, 3번 쓰고 쉬고, 3번 쓰고 마무리하는 방식이었어요.

( 준비물 )
내가 만든 단어장, 빽빽이 할 종이나 노트

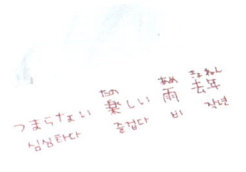

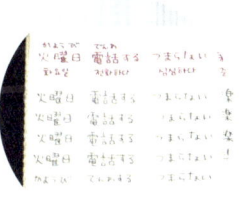

1) 외우고 싶은 단어들을 쭉 나열하여 쓰세요. 한자로 표기하는 단어는 한자로 쓰고 후리가나와 단어 뜻도 적어 둡니다.
2) 단어를 딱 다섯 번씩만 쓰며 1차 빽빽이를 합니다. 한자로 표기하는 단어는 한자로 4번, 마지막 한 번은 요미가나로 씁니다. 다섯 번씩 다 썼다면 다른 공부나 다른 일을 합니다.
3) 시간이 지난 후 2차 빽빽이를 합니다. 이번에도 4~5번 정도 쓰세요. 빽빽이를 마쳤다면 또 다른 일을 하고 오면 됩니다.
4) 어느 정도 시간이 지난 후 3차 빽빽이를 합니다. 이번에는 끝까지 종이를 채워 보세요. (워크북 16쪽을 펴고 직접 외울 단어를 써서 연습해 보세요.)

\* 빽빽이를 할 때에는 한자 쓰기와 단어 읽는 법에 집중하며 써 보세요.
  정확한 발음으로 소리 내어 읽으며 쓰면 효과가 두 배! 우리말 뜻은 굳이 손으로 쓰지 않아도 괜찮습니다.
  머리로 생각만 해 보세요.
\* 한꺼번에 종이를 다 채우지 말고 다른 공부나 일을 하며 짬짬이 조금씩 채워 나가는 것이 포인트입니다.
  공부할 시간이 많지 않을 때 쉬는 시간을 이용해 틈틈이 공부해 보세요!

저는 고등학교 1학년 때 아침에 집에서 빈 종이에 1)의 단어 리스트를 작성했습니다. 그리고 학교에 가져 가서 쉬는 시간마다 조금씩 쓰고, 야자 시간에도 학교 공부를 하다가 틈틈이 일본어 공부를 할 겸 단어 빽빽이를 했어요. 그렇게 해서 매일같이 종이를 빼곡하게 채웠습니다.

'단어는 일곱 번을 접해 봐야 머리에 제대로 남는다' 어디선가 이런 말을 들은 적이 있었어요. 한 번 보고 기억했다가 까먹고, 두 번 보고 기억했다가 또 까먹고… 기억하고 까먹고를 일곱 번은 반복해야 한다는 뜻이었어요. 그래서 저는 의도적으로 '까먹는' 단어 공부를 했던 것입니다. 단어를 다섯 번씩만 쓰면 처음에는 머리에 남는 게 별로 없어요. 쓰는 순간에는 잠깐 기억하지만 다른 일이나 다른 공부를 하다 보면 금방 까먹습니다. 까먹었다 싶으면 또 다섯 번씩 써요. 아~ 이거였지! 하며 다시 상기하게 됩니다. 이 과정을 수 차례 반복해요. 한 두 시간 집중해서 단어만 붙들고 외우는 것보다는, 다른 일을 하면서 중간 중간에 조금씩 여러 번 보며 외운 단어들이 훨씬 오랫동안 기억에 남는다는 것을 몸소 느꼈답니다.

그래서 저는 외운 단어를 까먹는 것에 두려움을 갖지 않았어요. 하루 이틀 밖에 공부하지 않은 단어는 까먹는 게 지극히 당연한 것이고, 까먹고 다시 외우는 과정을 여러 번 거쳐야만 진짜 내 단어가 된다고 생각했거든요. 오히려 단어를 까먹으면 '오호! 까먹었구나! 다시 외워주마!' 하고 복습할 기회로 생각했어요. 똑같은 조건에서 똑같은 시간을 공부하더라도 무언가 강렬하게 인상에 남아서 한방에 기억되는 단어가 있는가 하면, 수십 번을 봐도 자꾸만 가물가물 해지는 단어가 있습니다. 흔히 단어 공부를 하면서 자꾸만 까먹는 자신에 화가 나고 의욕을 잃는 경우가 많은 것 같은데요. 특히나 초급자는 아직 어휘력의 기반이 없기 때문에 더욱 쉽게 까먹을 수밖에 없습니다. 한 번에 완벽하게 외워야겠다는 욕심을 버리고 까먹는 것을 당연하게 받아들이면 단어 공부에 대한 부담도 줄일 수 있습니다. 단어를 잘 외우는 법은 그저 단어가 머릿속에 각인될 때까지 반복 반복 또 반복하는 방법 뿐!

또한 이미 외운 단어들도 '어장 관리'라 생각하고 열심히 관리해 줘야 해요. 지금 당장 내 머릿속에 들어왔다고 해서 그 단어들이 영원히 내 곁에 있어 주지는 않습니다. 단어를 외운 후에도 지속적으로 관심을 가져 주지 않으면 언제든 머릿속을 떠나 버려요. 눈으로 보든, 입으로 말하든, 귀로 듣든 어떠한 방법으로든 단어를 지속적으로 접해야 합니다. 예전에 외운 단어를 까먹었다면 그동안 관심이 부족했다는 증거. 평소에 다양한 방법으로 매일매일 꾸준히 일본어 공부를 하는 것이 단어 기억에 도움을 줍니다.

**단어 공부의 마무리,
단어 테스트**

빽빽이 공부법으로 열심히 단어를 외웠다면 다음에 꼭 거쳐야 할 단계가 있습니다. 제대로 기억하고 있나, 까먹은 건 없나 확인하는 테스트 단계예요. 직접 만든 단어장을 사용하면 손쉽게 다양한 테스트를 할 수 있습니다.

  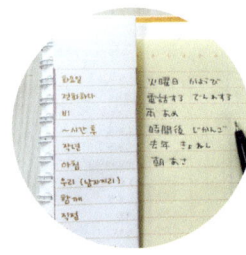

### 한자 읽기와 단어 뜻 테스트

가장 기본이 되는 테스트입니다. 단어장을 한자 부분만 보이도록 접어 놓고 한자의 요미가나와 뜻을 적어 보세요. 일본어 능력시험이나 JPT 등 일본어 시험에서 한자의 요미가나를 묻는 방식의 문제가 출제되니 시험 대비용으로도 좋아요. 히라가나, 가타카나로만 표기하는 단어들은 뜻 부분만 가려 놓고 테스트 하면 됩니다.

### 한자 쓰기 테스트

단어장의 한자 부분이 보이지 않도록 접습니다. 그리고 요미가나와 우리말 뜻을 보며 단어를 한자로 써 보세요. 일본어 능력시험과 JPT에는 주관식 문제가 없기 때문에 사실 한자를 꼭 외워서 쓸 필요는 없습니다. 하지만 요미가나를 보고 적절한 한자를 고르는 문제가 출제되는데, 모양이 비슷비슷한 한자들이 보기로 제시되기 때문에 한자를 정확히 알고 있지 않으면 고르기가 어렵습니다. 내 손으로 한자를 직접 쓸 줄 안다면 문제를 풀기도 훨씬 쉽겠지요. 또한 한자도 엄연한 일본어의 글자이니 일본어를 공부한다면 최소한 기초 레벨의 단어 정도는 한자로도 외워서 쓸 수 있는 것이 좋습니다.

### 작문 연습용 테스트

우리말 뜻만 보고 일본어로 단어를 쓰는 테스트입니다. 한자로 표기하는 단어의 경우 한자와 요미가나를 모두 써 보세요. 회화 목적으로 공부하는 학습자라면 직접 입으로 단어를 발음하며 테스트 하는 것도 좋아요. 이 테스트로 꾸준히 연습하면 일본어 작문이나 회화를 할 때에 적절한 일본어 단어가 빨리 떠오르게 됩니다.

단어 공부를 충분히 했다면 마지막에는 반드시 이러한 테스트 과정을 거쳐야 해요. 그래야 어떤 단어를 잘 외웠는지, 어떤 단어를 까먹었는지 가려 낼 수 있거든요. 틀린 단어는 체크하여 다시 복습해야 또 틀리지 않겠지요? 3단으로 정리한 단어장은 얼마든지 필요한 부분을 가리고 자유롭게 테스트할 수 있으니 자신에게 필요한 방법으로 자주자주 테스트하며 까먹은 단어들을 체크해 주세요. 테스트는 한 번만 하고 끝나는 게 아니라 일주일 후, 한 달 후… 시간이 지난 후에도 계속해서 반복하여 하는 것이 좋습니다. 처음에 외웠던 단어라도 시간이 지나면 다시 까먹을 수도 있으니까요. 테스트를 할 때마다 틀린 단어는 체크를 해 놓습니다. 그리고 자꾸 틀리는 단어들은 따로 모아서 오답 단어장을 만들어 공부하면 빈틈없이 외울 수 있겠죠.

# 04
## JAPANESE

# 일본어의 조리법을 익히자, 활용 문법 연습하기

# 04. 일본어의 조리법을 익히자, 활용 문법 연습하기

**활용을 알면**
**일본어가 보여요**

　　　　일본어 학원에 다니기도 전부터 좋아하는 애니메이션 관련 일본어 원서를 구입해서 보곤 했어요. 일본 노래를 외우며 얻은 얄팍한 일본어 지식과 기본적인 한자 지식으로 대략적인 내용은 추측할 수 있었지만 역시 모르는 단어가 너무 많았어요.

운이 좋게도 제가 샀던 원서들은 모든 한자 위에 후리가나가 달려 있었습니다. 그래서 '사전으로 단어를 찾아 보면 알 수 있지 않을까?' 하는 생각이 들었지요. 어떻게든 제 힘으로 해석을 해 보고 싶었기에 당장 서점에 가서 일한 사전을 구입했습니다.

하지만 문법을 모르니 사전으로 단어를 찾는 데에도 한계가 있었습니다. 명사를 찾을 때에는 문제가 되지 않지만 형용사나 동사의 경우에는 반드시 '기본형'으로 찾아야 하죠. 그러나 문장 속에는 항상 기본형으로만 써 있는 것도 아니고, 문법 쪽은 전혀 공부한 적이 없었으니 기본형은커녕 뭐가 형용사고 뭐가 동사인지 조차도 몰랐습니다.

'역시 문법 공부를 해야 하는 걸까…'

스스로 문법 공부의 필요성을 느낄 무렵, 부모님께서 솔깃한 제안을 하셨습니다. 이왕 공부할 거면 학원에서 제대로 배워 보지 않겠냐고. 그렇게 저는 일본어 학원 초급반에 다니기 시작했고 드디어 본격적으로 일본어 문법을 공부하게 되었습니다.

보통 '문법'이라 하면 따분하고 재미없는 것이라는 느낌이 강할텐데, 저는 오히려 문법을 하나하나 배울 때마다 일본어의 매력에 빠졌습니다.

명사의 활용을 배우고 나니 '제 이름은 김연진입니다. 저는 학생입니다. 일본인이 아닙니다' 라며 간단한 자기소개를 할 수 있게 되었어요. 다음에 형용사의 활용을 배우니까 '어제보다 오늘이 더 추워요, 저는 우동을 좋아해요, 이 책은 재미 없어요' 등등 나의 의견이나 생각을 전달할 수 있게 되었습니다. 겨우 명사와 형용사의 활용을 공부했을 뿐인데 의외로 다양한 문장을 구사할 수 있다는 게 신기할 따름이었어요. 게다가 명사와 형용사의 활용법은 너무나도 단순하고 간단했어요. 표 하나로 정리되는 활용 규칙만 외우면 어떤 단어든 똑같이 적용하여 활용할 수 있었거든요. 국어 문법을 공부해 보신 분이라면 아시겠지만, 우리 한국어의 활용 규칙은 예외도 많고 굉장히 까다롭답니다. 그에 비하면 일본어 활용 규칙은 애들 장난 수준이라는 생각이 들 정도였어요.

실제로 일본인이 공부하는 한국어 교재를 살펴보면 'ㄹ'탈락동사, 'ㅂ'불규칙동사, '르'불규칙동사 등등 불규칙동사의 종류만 봐도 다섯 가지가 넘어요. 각각에 포함되는 동사의

수까지 세보면 어마어마하게 많을 텐데요. 일본어의 동사는 정확히 세 종류만 있으며 그 중 불규칙동사에 해당하는 동사는 더도 말고 덜도 말고 딱 두 개뿐!! 동사의 활용은 명사와 형용사에 비해 조금 더 복잡하긴 했지만 여전히 한국어에 비하면 상당히 쉬운 편이었기에 감사한(?) 마음으로 공부할 수 있었어요. 또한 동사를 배우고 나니 일본어의 시야가 더욱 넓어져 공부하는 보람도 느껴졌습니다. 원서를 펼쳐 보면 하나 둘 아는 동사가 보이고, 동사의 원형이 뭔지 알 수 있었고, 정확한 뉘앙스까지 파악할 수 있었어요. 예전에는 '食べた'라는 단어를 보았을 때 단순히 한자만 보고 '먹는다'는 의미겠거니 하는 추측 정도만 가능했지만, 문법을 공부하고 나니 이것이 정확하게 '먹었다'라는 과거 표현이라고 알 수 있었습니다. 이렇게 점점 눈에 보이는 일본어가 늘어나면서 일본어 공부에 더욱 흥미를 갖고 열심히 했던 것 같습니다.

**활용 문법?**
**그게 뭐예요?**

학원 기초반 수업에서도, 독학용 입문서에서도, 일본어 초급 단계에서 공통적으로 다루는 문법은 '활용 문법'입니다. 일본어도 우리말과 같이 단어의 어미를 변형시켜서 다양한 뉘앙스를 표현하는 언어인데요. 예를 들어 '춥다'라는 단어의 기본형만 갖고는 정확한 의사 표현을 할 수 없지요. 기본형 단어의 '-다' 부분을 문장에 어울리도록 적절히 변신시켜서 써야 합니다.

'한국의 겨울은 춥습니다', '어제는 너무 추웠다', '추워서 두꺼운 옷을 입었다', '여기는 추운 지역이다', '오늘은 별로 춥지 않다'

이렇게 다양한 의미를 표현하기 위해 단어의 모양을 바꿔 주는 작업, 이것이 바로 '활용'이고, 활용을 하기 위한 일정한 규칙들이 '활용 문법'입니다. 그러니 활용 문법을 모른다면 제대로 된 문장을 쓸 수도 없고, 글을 봐도 정확히 이해할 수 없겠지요.

우리가 한국어 문법을 배우지 않았어도 저절로 터득해서 잘 사용하듯 일본어도 오랜 기간 꾸준히 사용한다면 활용 문법을 몰라도 자연스럽게 알 수 있을 거예요. 하지만 모국어처럼 자연스럽게 터득하는 방법은 끊임없이 일본어에 노출되는 환경, 직접 말할 수 있는 기회가 충분히 제공되는 환경이 아니라면 솔직히 어렵습니다. 시간도 굉장히 많이 필요하구요. 활용 문법은 얼핏 보면 어렵고 복잡해 보이지만, 사실 자세히 들여다보면 우리가 쓰는 한국어에 비해 훨씬 간단하고 단순하답니다. 예외적인 것이나 불규칙적인 것이 그리 많지 않기 때문에 기본만 잘 외워 두면 모든 단어에 적용해서 얼마든지 폭넓게 사용할 수 있어요. 그러니 일본어를 효율적으로 빠르게 공부하고 싶다면 약간 수고스럽더라도 초반에 활용 문법을 공부해 두는 것이 좋습니다.

참고로 활용 문법은 워낙 기본 중의 기본이기 때문에 딱 초급과 중급 수준에서만 공부하는 내용이에요. 초급자용 교재에는 활용 문법에 대한 설명이 잘 나와 있지만 중급을 넘어가면 이제 활용은 당연히 알고 있다는 전제하에 더 이상 별도로 설명하거나 하지 않습니다. 그러니 중급을 넘어 상급 레벨까지 올라가고 싶다면, 활용 문법을 대충 알고 있는 정도가 아니라 완벽하게 마스터 할 수 있도록 노력해야 해요.

활용 문법은 일단 규칙을 외우고, 외운 규칙을 바탕으로 직접 활용해 보며 연습해야 하는데요. 처음에는 반드시 손으로 쓰면서 연습해야 합니다. 활용을 하다 보면 글자 하나로 의미가 전혀 달라지는 경우도 있거든요.

きてください
(키떼 쿠다사이)
- 오세요

きいてください
(키이떼 쿠다사이)
- 들으세요

きってください
(킷떼 쿠다사이)
- 잘라 주세요

이렇게 미묘한 발음 차이로 의미가 달라지니 말로만 연습하다 보면 발음을 얼버무릴 수도 있고, 혹여 틀리게 말해도 확인할 방법이 없습니다. 활용이 어느 정도 익숙해질 때까지는 손으로 써 보고, 맞게 썼는지 확인하고, 올바르게 쓴 내용을 바탕으로 소리내어 읽는 연습을 반복해야 합니다. 저도 학원에서 내준 연습 프린트로 수십 번씩 쓰고 읽으며 활용 문법을 마스터 했답니다.

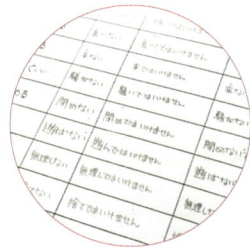

**활용연습 준비단계!**
**품사 구분하기**

본격적으로 활용 문법을 공부하기 전에 먼저 알아야 할 것이 있습니다. 바로 단어의 품사를 구분하는 것! 명사, 형용사, 동사의 활용법이 각각 다르기 때문에 우선 품사 구분을 할 줄 알아야 합니다. 하지만 걱정할 필요는 없어요! 일본어 단어들은 의미를 몰라도 생김새만 딱 보면 품사 구분이 거의 가능하거든요. 가끔 예외적인 단어도 있긴 하지만 많지 않으므로 그냥 외워버리면 그만입니다.

### 명사

りんご 사과   学校(がっこう) 학교   食(た)べ物(もの) 음식   本(ほん) 책

이와 같이 "어미" 없이 혼자서 의미를 갖는 단어들입니다. 사전으로 찾을 때도 단어 그대로 찾으면 되죠. 기본 문장을 만들 때는 뒤에 だ를 붙여주면 됩니다.
りんごだ(사과다), 学校だ(학교다), 食べ物だ(음식이다), 本だ(책이다)

### な형용사

有名(ゆうめい) 유명   静(しず)か 조용함   親切(しんせつ) 친절   簡単(かんたん) 간단

어라? 위에 나온 명사랑 뭐가 달라요? 네~ 보시는 대로 な형용사는 사전에 실린 단어 모양이 명사랑 다를 게 없는데요. 명사랑 な형용사는 활용법도 동일하니까 크게 신경 쓰지 않아도 됩니다. だ를 붙여서 기본 문장을 만들었을 때 우리말 해석이 살짝 다르게 된다는 것만 기억해 두세요.
有名だ(유명하다), 静かだ(조용하다), 親切だ(친절하다), 簡単だ(간단하다)
'~이다' 라는 의미를 갖는 명사와 달리 な형용사는 '~하다'라는 의미가 되죠? 그래서 な형용사를 다른 말로 '형용동사'라고 부르기도 해요.

또 한 가지, な형용사는 명사한테 없는 특별한 능력을 갖고 있는데요. 바로 な를 붙여서 명사를 꾸며줄 수 있다는 사실!

有名な人 (유명한 사람), 静かなところ (조용한 곳), 親切な人 (친절한 사람)

명사는 이런 식으로 사용할 수 없어요. 왜 な형용사인지 알겠죠? 참고로 な형용사는 명사랑 생긴 게 똑같은 만큼 경우에 따라 명사로도 사용할 수 있답니다. 예를 들어 '친절이 제일 중요하다'에서는 명사의 의미이고, '친절한 사람'에서는 형용사의 의미를 가져요. 명사와 な형용사는 어느 정도 서로 호환이 가능한 관계라고 생각하시면 됩니다.

## い형용사

寒い 춥다    長い 길다    明るい 밝다    かわいい 귀엽다

명사와 な형용사에는 어미가 없었지만 い형용사에는 어미 'い'가 세트로 붙어 있어요. '~い' 자체가 우리말의 '~다' 라는 의미를 갖기 때문에 な형용사처럼 기본형에 '~だ'를 붙일 필요가 없어요. い형용사를 활용할 때에는 앞 글자들은 가만히 두고 어미 'い'만 모양을 바꾸면 된답니다.

그런데 조심해야 할 단어가 있어요! 초급 단어 중 'きれい'와 'きらい'라는 단어가 있는데요. 얘들은 그냥 우연히 마지막 글자가 い인 な형용사입니다. 헷갈리지 않도록 꼭 だ를 붙여서 외워두세요!

きれいだ : 예쁘다, 깨끗하다
きらいだ : 싫어하다

## 동사

会う 만나다    持つ 들다    食べる 먹다    死ぬ 죽다    呼ぶ 부르다

동사도 い형용사처럼 어미가 세트로 붙어 있는 형태인데요. 어째서인지 단어의 어미가

모두 제각각이네요. 하지만 공통점이 있습니다! 찾으셨나요? う(u), つ(tsu), る(ru), ぬ(nu), ぶ(bu) 모두 모음 '-u' 발음으로 끝나죠. 일본어 동사의 어미에는 う, つ, る, ぬ, ぶ, む, く, ぐ, す 이렇게 총 9개의 う단 글자들이 사용됩니다. '-u'로 끝나는 이 모양이 일본어 동사의 기본형이며 이 형태로 사전을 찾아야 합니다. 차근차근 공부해 보면 아시겠지만, 동사가 활용되면 어미의 모음 '-u'가 '-e'나 '-a' 등으로 바뀌게 됩니다. 그러니 동사 활용규칙을 정확히 알고 있어야 동사의 기본형도 유추할 수 있겠죠?

**혼자 하는
활용 문법 연습법**

활용 문법은 반복 연습이 생명인데, 사실 시중의 입문서에는 충분한 양의 연습 문제가 실려 있지 않습니다. 그렇다 보니 독학 학습자들은 충분히 연습하지 않은 상태로 진도만 쭉쭉 나가는 경우가 많은 것 같아요. 충분한 연습 없이 진도만 나가다 보면 나중엔 머릿속에서 이것저것 활용이 뒤섞여 버리고, 분명 공부는 했는데 입에서 바로바로 활용이 안 나오고, 활용이 안 되니 작문도 회화도 잘 안 되고, 결국 '공부를 하는데도 왜 실력이 늘지 않을까' 하는 슬럼프에 빠지게 됩니다. 확실한 실력 향상을 위해 진도에 맞춰 활용 문법을 연습해 보세요!

> 준비물

초급자용 단어 책 (명사/형용사/동사 등 품사별로 분류된 것이 편해요)

### 명사와 な형용사 활용 연습법

모든 입문서에서 가장 처음에 공부하는 활용은 바로 명사의 활용입니다. 우선 명사를 이용하여 구체적으로 연습하는 방법을 알아보도록 합시다. な형용사도 명사와 활용법이 동일하니 같은 방법을 적용하여 연습하면 됩니다.

1) 교재를 보고 연습해야 할 활용 문법이 무엇인지 확인합니다.
   (대부분의 입문서는 가장 처음에 명사의 긍정문과 부정문 활용이 실려 있습니다)
2) 본격적인 활용 연습을 위해 단어책이나 일본어 교재에서 명사만 골라
   나열하여 씁니다. 필요에 따라 단어의 후리가나와 뜻도 함께 적어 주세요.
3) 위쪽에는 연습할 활용 규칙을 쓰면 연습시트가 완성됩니다.
4) 활용 규칙에 따라 명사를 하나하나 활용하며 직접 손으로 써봅니다.
   우리말 뜻도 같이 써보면 좀 더 확실하게 의미가 기억되겠죠!
5) 손으로 쓰는 연습을 마친 후에는 소리내어 읽으며 연습합니다.

하코다테 오타루
사카이마치도리 쇼핑 거리

HAKODATE

PAGE: 081

시즈의
일본어 노트

6) 활용 규칙을 생각하지 않아도 입에서 술술 나올 때까지 반복해서 연습!!
な 형용사도 같은 방법으로 연습하면 됩니다.

워크북 17~22쪽에 명사/な형용사 활용규칙과 간단한 연습 문제가 마련되어 있으니 직접 풀어보세요.

## い형용사 활용 연습법

기본적인 연습 방법은 명사 연습법과 동일합니다. 다만 い 형용사 활용법은 약간 까다로우니 활용규칙을 정확히 이해하고 연습해야 해요.

1) 책에 나온 활용 규칙을 꼼꼼히 읽어보며 한눈에 볼 수 있도록 정리해 보세요.
2) 단어책이나 일본어 교재에 있는 い 형용사를 연습용 종이 좌측에 옮겨 적습니다.
3) 위에는 연습하고 싶은 활용 규칙을 나란히 써 놓으면 연습시트가 완성됩니다.
4) 활용 규칙에 유의하며 하나하나 손으로 쓰면서 연습해요. い 형용사의 활용은 많이 헷갈릴 수 있으니 우리말 의미도 함께 써보며 연습하는 것이 좋습니다.
5) 틀린 곳은 없는지 꼼꼼히 확인한 후 소리내어 읽으며 연습합니다.

워크북 23쪽에 い 형용사 활용규칙과 간단한 연습 문제가 마련되어 있으니 직접 풀어보세요.

참고로 형용사 다음에는 동사를 공부하게 되는데 동사에는 외워야 할 내용이 상당히 많습니다. 동사를 공부하기 전에 명사와 형용사 활용을 확실하게 마스터해야 동사 학습에 지장이 없답니다.

### 동사 분류 연습법

동사 활용을 연습하기 전에 먼저 공부해야 할 것은 동사의 분류입니다. 일본어의 동사는 5단동사, 1단동사, 불규칙동사 세 종류로 나뉘는데요. 각 종류별로 활용 규칙이 다르니 정확히 구분할 줄 알아야 합니다. 요즘에 나온 교재는 동사를 '1그룹(=5단), 2그룹(=1단), 3그룹(=불규칙)' 처럼 1, 2, 3으로 구분하는 경우가 많은데 이왕이면 활용법의 특징을 살린 5단, 1단, 불규칙으로 기억해 두는 것이 좋습니다.

1) 먼저 입문서에 나와 있는 동사의 특징을 꼼꼼히 읽어 보세요. 직접 손으로 쓰면서 정리해 보는 것도 좋아요.
2) 단어책에서 동사가 나와있는 페이지를 펼치고 각 동사들의 모양을 살펴보며 5단, 1단, 불규칙으로 동사의 종류를 써 보세요.

3) 직접 일본어 사전을 찾아 보며 동사의 종류를 확인합니다. 사전에는 아래와 같이 동사의 종류가 기재되어 있습니다.

| 동사의 종류 | 사전에 기재된 표기 |
|---|---|
| 5단동사 | 5단 |
| 1단동사 | 上1단 (る앞이 い단인 1단동사) |
| | 下1단 (る앞이 え단인 1단동사) |
| 불규칙동사 | サ変 / サ행변격 (する) |
| | 力変 / 力행변격 (くる) |

워크북 26쪽에 동사를 분류하는 간단한 연습문제가 실려 있으니 직접 풀어보세요

동사가 세 종류라 해도 불규칙 동사는 くる 와 する 딱 두 개뿐이기 때문에 사실상 5단과 1단을 구분하는 연습입니다. 참고로 아래 단어들은 겉보기엔 1단처럼 생겼지만 사실은 5단 동사인 단어들이에요. 일상에서 자주 쓰이는 단어들이니 꼭 기억해 두세요. 외모에 속지 말고 무조건 5단!!

走る 달리다　減る 줄다　しゃべる 수다떨다　帰る 돌아가다/돌아오다
入る 들어가다/들어오다　要る 필요하다　切る 자르다　知る 알다

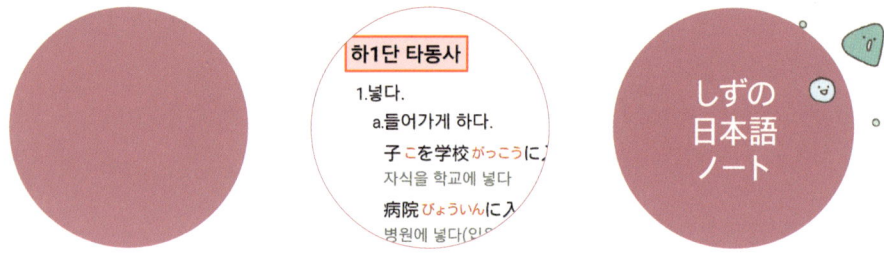

#### 동사 활용 연습법

동사를 정확하게 구분할 수 있게 되었다면 본격적으로 활용 연습을 해야 합니다. 동사의 활용은 ます형으로 시작하여 과거형, 가능형, 사역수동형 등 10여 가지의 활용이 있는데요. 게다가 동사의 종류별로 활용법이 조금씩 달라서 외워야 할 것도 많아요. 그렇기 때문에 동사를 공부할 때에는 교재에 나온 순서대로 하나씩 차근차근 연습해 나가는 것이 중요합니다.

결국에는 모든 활용을 다 공부해야 하지만 그 중에서도 가장 중요한 것이 있어요. 바로 존댓말을 만드는 ます형과, 연결하여 말하는 て형, 그리고 과거형과 부정형 네 가지 활용입니다. 사용 빈도가 높기 때문에 다른 건 몰라도 이 네 개는 반드시 알고 있어야 해요. 일본어능력시험 첫 단계인 N5 단계부터 바로 출제되는 기초 중의 기초 문법이니 무조건 마스터한다는 생각으로 공부해야 합니다!

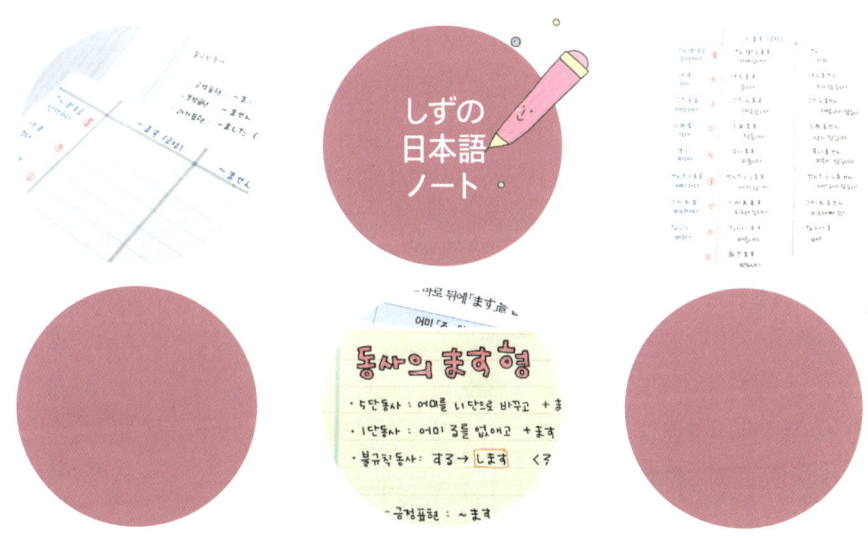

여기에서는 동사의 ます형을 통해서 활용을 어떻게 연습하는 지 구체적으로 살펴 봅시다.

1) 입문서를 보고 동사의 ます형 활용법을 정확히 익히도록 합니다. 활용 규칙을 직접 손으로 쓰면서 정리해 보는 것도 좋아요.
2) 단어장에서 연습할 동사를 골라 연습용 종이 좌측에 적어 놓습니다.
아직 동사를 보고 바로 바로 구분하기 어렵다면 동사의 종류도 살짝 메모하세요.
3) 연습할 표현을 종이 윗부분에 적어 넣으면 연습시트 완성!
4) 동사의 종류에 유의하며 활용형을 손으로 써 봅니다.
5) 손으로 쓰는 연습을 마쳤다면 제대로 했는지 꼼꼼히 확인해 보고 여러 번 소리 내어 읽어 보세요. 동사의 기본형만 봐도 활용형이 바로 입에서 나올 때까지 연습합시다.
워크북 28~30쪽에 ます형 연습문제가 실려 있으니 직접 풀어보세요

동사는 단어의 의미에 따라 활용이 어울리지 않거나 사용하지 않는 경우도 종종 있지만 이러한 것들은 일본어 공부를 해 나가는 과정에서 자연스럽게 터득할 수 있는 부분입니다. 기초 단계에서는 일단 활용 자체를 익히는 것이 중요하니 다양한 단어를 사용하여 골고루 연습해 보세요. 워크북 31~35쪽에 동사의 て형, 과거형, 부정형 연습란도 마련되어 있으니 입문서의 진도에 맞춰 하나하나 연습해 보도록 합니다.

# 05
JAPANESE

일본어를
일본어답게,
표현 문형
외우기

# 05. 일본어를 일본어답게, 표현 문형 외우기

**왜 표현 문형을
알아야 할까?**

아래 사진은 실제로 제가 한창 기초 문법을 배우던 시기에 썼던 일본어 일기인데요. 한글로 적어 놓은 부분이 보이죠? 지금은 충분히 일본어로 바꿔 쓸 수 있지만 이때 당시에는 왜 이 부분을 일본어로 쓰지 못했을까요.

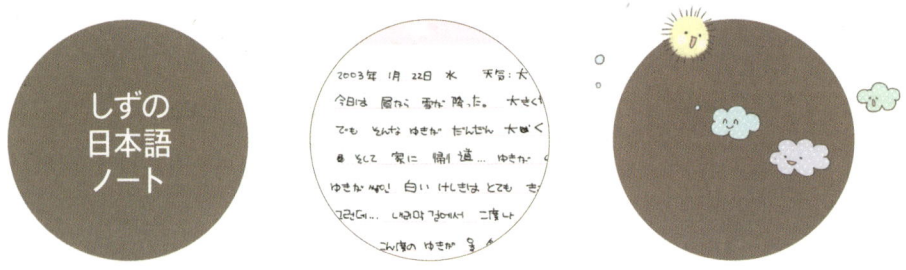

빵을 먹습니다   パンを食べます
책이 젖었습니다   本がぬれました
비행기를 탔습니다   飛行機に乗りました
학교에 갑니다   学校へ行きます
영어로 말할 수 있다   英語で話せる

이 정도의 간단한 문장은 단어와 조사를 알고 동사의 활용 문법만 숙지하고 있으면 충분히 만들 수 있습니다. 하지만 실제로 글을 쓰고 말을 하다 보면 간단한 문장만으로는 해결되지 않을 때도 있어요.

빵을 먹고 싶어요
책이 젖어 버렸다
비행기를 탄 적이 있습니다
학교에 가야 됩니다
영어로 말할 수 있게 되었다

때로는 이렇게 확장된 표현이 필요하기도 할 것입니다. 그런데 이런 표현들은 단순히 단어를 알고 활용 문법을 공부하기만 해서는 만들 수가 없습니다. 일본어에서 사용되는 문형들을 외워야만 이러한 확장 표현도 가능한데요. 일본어는 한국어랑 비슷하니까, 대충 한국어 문장을 일본어 단어로 바꿔 쓰면 통하겠지? 하는 생각으로 문형을 제대로 외우지 않는 학습자도 많은 것 같습니다. 영어를 공부할 때에는 'be able to = ~할 수 있다', 'decide to 부정사 = ~을 하기로 결심하다', 'search for = ~을 찾다' 등등 숙어 외우는 것을 당연하게 생각하고 있는 그대로 달달 외우며 공부합니다. 그런데 이상하게 일본어를 공부할 때에는 이러한 '숙어(=표현 문형)'을 외우려 하지 않는 경향이 있어요. 한국어와 비슷하다는 이유로 기본적인 일본어 지식만 갖고 한국어에 대입하여 해결하려 하고, 그러다 보니 한국어와 다르게 표현하는 부분과 마주치면 '왜 다르지?' 하고 의문을 품게 됩니다. 이러한 부분은 왜 다르냐고 물어 봐도 '외국어니까 다르다'라는 답 밖에 나오지 않는데 말이죠. 그냥 그렇게 외워야 하는 문형인데 말이죠.

영어 공부를 할 때 숙어를 외우듯이, 일본어 공부를 할 때에도 표현 문형을 외워야 합니다. 단순히 한국어 문장을 일본어 단어로 바꾸는 것이 아니라, 일본어식 문형을 알고 적절히 응용하여 사용해야 일본어를 제대로 구사한다고 할 수 있어요. 반쪽짜리 일본어가 아닌 제대로 된 일본어 실력을 갖추고 싶다면 표현 문형을 소홀히 해서는 안 되겠죠.

### 나만의 표현 문형
### 노트를 만들자

입문서나 문법책으로 공부하다 보면 문형 정리나 핵심 문법 부분에 '~을 좋아합니다', '~하러 갑니다'와 같은 여러 가지 문형과 예문들이 나오는데요. 입문서에 나오는 이러한 문형들은 모두 통암기 한다는 생각으로 공부해야 합니다. 그리고 필요에 따라서는 접속 형태도 반드시 암기해야 해요. 문형 앞에 오는 동사를 ます형으로 바꿔야 하는지, 과거형으로 바꿔야 하는지 등등 어떤 형태로 바꿔서 문형에 붙이는지를 정확히 알아야 제대로 사용할 수 있어요. 특히 일본어 시험을 목적으로 공부하는 것이라면 필수 암기 사항이랍니다.

표현 문형은 단순히 문형 자체만 외우는 것보다는 예문과 함께 공부하는 것이 좋아요. 예문과 함께 정리하는 나만의 표현문형 노트를 만들어 봅시다.

**준비물**
입문서나 문법 교재, 정리할 노트

1) 노트를 반으로 접어서 2등분으로 나누어 놓습니다. 왼쪽에는 일본어 문장, 오른쪽에는 우리말 해석을 정리할 거예요.

2) 교재에 나온 표현 문형에 대해 잘 읽어보고 숙지하세요
3) 노트의 왼쪽 칸에 일본어 예문을, 오른쪽 칸에 우리말 해석을 적습니다.

4) 한자 읽기에 자신이 없다면 한자 위에 후리가나도 쓰세요. 일반 노트에 한자와 후리가나를 모두 적으려면 좁을 수 있으니 칸이 넓은 초등학생용 노트를 사용하면 편하답니다.
5) 핵심 표현 부분은 눈에 띄는 색으로 표시하세요. 특히 핵심 표현 앞에 있는 동사나 형용사가 어떤 형태로 붙어 있는지를 눈 여겨 보아야 합니다.
워크북 36쪽을 펴고 직접 문형 정리를 연습해 보세요.

입문서에 나오는 예문들은 모두 기본 문장들이니 줄줄 외울 정도로 공부하는 것이 좋아요. 연습문제의 문장이나 회화 스크립트도 노트에 정리해 놓고 공부해 보세요.
문형 노트를 들고 다니면서 수시로 읽어 보면 일본어 문장과 친해지는 데 도움이 될 거예요. 또한 다음에 소개하는 작문 연습에서도 이 문형 노트를 사용하니 꼭 만들어 보시길 바랍니다.

기모노를 입은 일본 여성과
작은 호박
**NAOSHIMA**

### 사전형? 보통형?
### 명사수식형?

   일본어 표현문형을 공부하다 보면 '동사의 사전형에 붙이세요' '보통형에 붙이세요' 이런 말들을 볼 수 있을 거예요. 표현 문형 앞에 단어를 어떤 형태로 활용하여 붙여야 하는가를 알려주는 용어들인데요. 사실 예문을 많이 읽어보며 문형공부를 한다면 이러한 용어들을 몰라도 특별히 지장이 없습니다. 문법 용어들이 보이기 시작하면 일단 '어렵다'는 느낌부터 강하게 들기 때문에 표현문형이나 문법을 공부하시는 분들께는 용어에 신경 쓰지 말고 가급적 예문을 익히는 방식으로 공부하라고 권해드리는 편인데요. 그래도 교재에 용어가 나오니 많은 분들이 문법 용어에 대해 궁금해 하시는 것 같아요. 그 궁금증을 조금이나마 해소할 수 있도록 간단하게 설명해 드리겠습니다.

참고로 이러한 용어들은 교재마다 명칭이 조금씩 다른 경우도 있고, 용어에 대한 개념 설명에도 저마다 미묘하게 차이가 있기 때문에 명확하게 구분하여 정의하기에는 조금 어려운 점이 있습니다. 이 점을 염두에 두시고 대략적인 개념만 알아 두시면 되겠습니다.

### 사전형

말 그대로 사전에 실려있는 형태를 말합니다. 흔히 영어에서 말하는 '원형'이라고 생각하면 됩니다. 활용이 되지 않은 기본 모양!

| 명사 | な형용사 | い형용사 | 동사 |
|---|---|---|---|
| 先生 (선생님) | 静か (조용함) | 寒い (춥다) | 見る (보다) |
| 花 (꽃) | 親切 (친절) | 明るい (밝다) | 行く (가다) |

## 보통형

쉽게 말하자면 '반말'입니다. 긍정, 부정, 과거 등을 '반말'로 활용한 형태를 말해요. 동사의 경우에는 종류가 좀 더 다양합니다.

| 명사 | な형용사 | い형용사 | 동사 |
|---|---|---|---|
| 先生だ<br>(선생님이다) | 親切だ<br>(친절하다) | 寒い<br>(춥다) | 行く<br>(가다) |
| 先生じゃない<br>(선생님이 아니다) | 親切じゃない<br>(친절하지 않다) | 寒くない<br>(춥지 않다) | 行かない<br>(가지 않다) |
| 先生だった<br>(선생님이었다) | 親切だった<br>(친절했다) | 寒かった<br>(추웠다) | 行った<br>(갔다) |
| 先生じゃなかった<br>(선생님이 아니었다) | 親切じゃなかった<br>(친절하지 않았다) | 寒くなかった<br>(춥지 않았다) | 行かなかった<br>(가지 않았다) |
| | | | 行ける<br>(갈 수 있다) |
| | | | 行けない<br>(갈 수 없다) |

오키나와 차탄타운의
미하마 빌리지와
하코다테 하시만 자카 언덕

**OKINAWA
HAKODATE**

## 명사수식형 / 연체형

명사를 꾸며줄 수 있는 형태입니다. 그런데 일본어는 명사를 수식하는 활용법이 따로 있지는 않아요. 그럼 어떻게 붙이냐고요? 앞서 설명한 '보통형'에 그대로 명사를 붙이면 됩니다. 정말 쉽죠? い형용사와 동사의 경우에는 보통형과 명사수식형이 일치하지만 명사와 な형용사는 조금 다른 부분이 있으니 그 부분만 주의하면 됩니다.

**명사**

先生だ + 本 → 先生の本 (선생님의 책)

PAGE: 095

지츠의
일본어 노트
しずの日本

先生じゃない　＋　人　→　先生じゃない人 (선생님이 아닌 사람)
先生だった　＋　人　→　先生だった人 (선생님이었던 사람)
先生じゃなかった　＋　人　→　先生じゃなかった人 (선생님이 아니었던 사람)

### な형용사
親切だ　＋　人　→　親切な人 (친절한 사람)
親切じゃない　＋　人　→　親切じゃない人 (친절하지 않은 사람)
親切だった　＋　人　→　親切だった人 (친절했던 사람)
親切じゃなかった　＋　人　→　親切じゃなかった人 (친절하지 않았던 사람)

### い형용사
寒い　＋　へや　→　寒いへや (추운 방)
寒くない　＋　へや　→　寒くないへや (춥지 않은 방)
寒かった　＋　へや　→　寒かったへや (추웠던 방)
寒くなかった　＋　へや　→　寒くなかったへや (춥지 않았던 방)

### 동사
行く　＋　人　→　行く人 (가는 사람 / 갈 사람)
行かない　＋　人　→　行かない人 (가지 않는 사람 / 가지 않을 사람)
行った　＋　人　→　行った人 (간 사람)
行かなかった　＋　人　→　行かなかった人 (가지 않은 사람)
行ける　＋　人　→　行ける人 (갈 수 있는 사람)
行けない　＋　人　→　行けない人 (갈 수 없는 사람)
등등

# 06 JAPANESE

# 일본어 의사소통의 첫걸음, 작문 연습

# 06. 일본어 의사소통의 첫걸음, 작문 연습

**작문 연습,
왜 필요할까?**

여러분이 외국어를 공부하는 이유는 무엇인가요? 그냥 시험 점수가 필요해서 공부하시는 분들도 계시겠지만 대부분은 드라마를 보기 위해, 원서를 읽기 위해, 여행 가서 의사소통을 하기 위해… 그 언어를 알아 듣고 이해하고, 직접 사용하기 위해서가 아닐까요?

단어 공부, 문법 공부, 문형 공부는 요리의 재료를 마련하고 조리법을 배우는 단계라고 생각하면 됩니다. 그런데 재료가 아무리 잘 갖춰져 있고 조리법을 알고 있다 하더라도 어느 날 갑자기 뚝딱 하고 맛있는 요리가 완성되는 건 아니죠. 재료들을 조리법에 따라 지지고 볶고 태우기도 하며 수 차례 연습 과정을 거치며 내공을 쌓아야만 근사한 요리가 탄생합니다.

외국어도 마찬가지예요. 단어와 문법, 문형과 같은 기초 지식이 갖춰졌다고 해서 바로 말이 술술 나오고, 귀가 트이고, 글이 눈에 쏙쏙 들어오고 하지는 않습니다. 미리 준비한 기초 지식들을 활용하여 충분히 연습하는 과정을 거쳐야 비로소 '외국어 좀 한다'는 말을 들을 수 있는 거예요.

그리고 저는 이러한 연습 과정 중에서도 가장 기본이 되는 것이 '작문'이라고 생각합니다. 제가 초중급 단계에서 공부했던 프린트물을 살펴보면 작문 연습 프린트가 대다수를 차지하고 있어요. 옛날에 공부했던 기억은 흐릿하지만 남아 있는 프린트물을 보니 정말 작문 연습을 수도 없이 했던 것 같아요. '작문'이라고 해서 거창한 글을 썼던 것은 아닙니다. 단어가 이미 주어져 있고, 주어진 단어와 공부한 문법과 문형만을 사용하여 정해진 문장을 쓰는 기초적인 작문 연습이었어요. 이러한 기초 작문 연습이 별거 아닌 것 같지만 지금 생각해 보면, 꾸준히 문장 만드는 연습을 했던 덕분에 초급과 중급 과정을 무난하게 넘고 상급 실력까지 이어질 수 있었던 것 같아요.

기초 작문 연습은 자신이 창작하여 문장을 쓰는 게 아니라 이미 주어진 대로, 정해진 대로 문장을 쓰는 작문입니다. 이러한 기초 작문을 여러 번 하다 보면 그 문장에 들어간 문형이나 문법에 대해 제대로 이해할 수 있고, 문형을 제대로 숙지하면 그 문형을 응용하여 얼마든지 자유롭게 문장을 만들 수 있게 됩니다. 그리고 문장을 자유자재로 쓸 수 있으면 나아가서 회화를 하는 데에도 도움이 된답니다. 내가 만든 문장을 입으로 소리 내어 읽기만 하면 그게 바로 회화니까요.

일본인 친구에게 메일을 쓰거나 메시지를 주고 받는데 일본어가 턱턱 막혀서 생각처럼 글이 잘 써지지 않는다면 우선 기초 작문부터 차근차근 연습해 보세요. 또한 일본인과 직접 만나서 대화를 하는데 말이 잘 나오지 않는 경우도 '작문 실력'에 원인이 있을 수 있습니다. 우선 하고 싶은 말을 글로 써 보세요. 글은 술술 쓸 수 있는 데 말이 나오지 않는 것이라면 말하는 연습을 많이 해야 하지만, 만약 글을 쓰는 단계에서부터 막힌다면 역시 작문 연습 먼저 시작해 보는 것이 좋습니다.

**문형 노트로
작문 연습을 하자**

작문 연습은 시중에 판매중인 작문 교재로도 할 수 있지만, 작문 교재가 없어도 앞서 만든 '문형 노트'로 셀프 작문 연습을 할 수 있습니다. 입문서로 공부하고 있다면 입문서에 나온 문형들을 완벽하게 숙지하는 것이 중요한데요. 입문서와 별개로 작문 교재를 사용하면 두 교재의 진도가 맞지 않아 공부하기가 조금 어려울 수도 있습니다. 책마다 다루고 있는 문형이 조금씩 다를 뿐만 아니라, 동일한 문형을 다룬다 하더라도 공부하는 순서가 달라서 앞뒤로 왔다 갔다 찾아가며 공부해야 할 수도 있거든요. 입문서로 공부하는 동안에는 우선 직접 만든 문형 노트를 이용하여 진도에 맞춰 작문 연습을 하고, 입문서를 다 마친 후에 복습을 겸하여 작문 교재로 공부하는 것이 좋습니다.

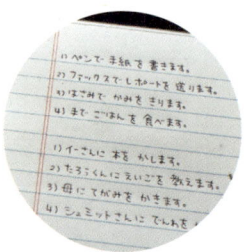 

**준비물**

내가 만든 문형 노트, 연습장

1) 미리 만들어 놓은 문형 노트를 반으로 접어 우리말 해석 부분만 보이도록 해 놓습니다.
2) 우리말 해석을 보고 일본어로 문장을 써 보세요.
   한자로 쓸 수 있는 단어는 한자로 쓰고 어렵다면 히라가나로 써도 상관 없습니다.
3) 접은 노트를 펼치고 문장을 정확히 썼는지 확인합니다.
4) 틀린 문장이나 어려웠던 문장은 3번씩 쓰고 5번 소리 내어 읽어 봅니다.
5) 예문에 있는 단어만 바꿔서 다른 문장을 직접 만들어 봅니다. 예문을 어떤 방법으로 바꿔야 할지 잘 모르겠다면 워크북 38쪽에서 예문 바꾸기 연습을 해 보세요.
6) 만든 문장을 소리 내어 5번 읽어 봅니다.

처음에는 작문에 너무 욕심을 내지 말고 책에 나온 예문을 바탕으로 조금씩 응용하여 문장을 만들어 보는 것이 중요합니다. 예문과는 반대되는 의미의 문장을 만들어 보아도 좋고, 자신이 직접 경험한 일을 떠올리며 문장을 만들거나, 좋아하는 것을 등장시키면 더욱 재미있게 공부할 수 있을 거예요. 교재에 제시된 예문을 갖고 나만의 문장을 만들어

본다면 그것이 곧 나의 이야기가 되는 것이랍니다. 나아가 나만의 문장을 입으로 소리내어 말한다면 그것이 바로 회화! 처음부터 자유로운 글을 쓸 수는 없으니 쉬운 기본 문장부터 하나하나 늘려 가도록 합시다.

## 일기를 통해 성장하는
## 일본어를 발견하다

저는 고등학교 입학 직전인 2002년 2월부터 일본어 학원을 다니기 시작했는데요. 2월과 3월은 무사히 학원에 다녔지만 이후로는 야간 자율학습을 해야 한다는 담임 선생님의 명령으로 학원을 쉴 수밖에 없었어요.

여름방학 때 한 달 정도 다니고, 또다시 겨울방학을 기약하며 2학기 중에는 학원을 쉬웠지요. 학원을 띄엄띄엄 다니기는 했지만 학원에 다니지 않는 기간에도 틈틈이 일본어 단어를 외우거나 애니메이션을 보면서 일본어를 꾸준히 접했습니다. 그리고 드디어 겨울방학! 새해가 되어서야 다시 학원에 다닐 수 있게 되었습니다. 그렇게 일본어 학원 4개월차에 접어들었던 2003년 1월 2일부터 일본어 일기 쓰기에 도전했어요. '새해에는 일본어 공부를 더 열심히 해야겠다!'는 다짐이었던 것 같아요.

映画を見る

残業をする

面白い

シャワーを浴びる

地下鉄に乗る

嬉しい

服を買う  楽しい  雨が降る

일본어 일기라고 하기엔 한글이 훨씬 많지요? 3개월이나 학원에 다녔다 해도 그 동안 공백기간이 많았기에 문장을 쓰기는 어려웠습니다. 일단은 욕심 내지 않고 이렇게 아는 단어 정도만 일본어로 쓰며 일본어에 한 발짝씩 다가갔어요. 공백기간을 메우기 위해 학원 숙제(=주로 동사 활용이나 작문)도 열심히 하고 단어도 열심히 외웠습니다. 그렇게 3주가 흐르고…

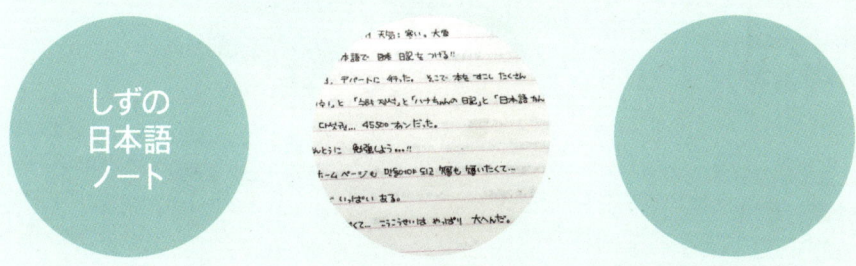

일본어로 쓴 문장이 제법 늘었죠? 작문 연습을 열심히 했더니 일기 쓰기에도 자신이 붙었습니다. 하지만 자세히 들여다 보면 간단하고 쉬운 문장밖에 없어요. 오로지 공부했던 문법과 문형만을 갖고 문장을 썼기 때문이에요. 게다가 잘 모르는 부분은 그냥 한글로 썼습니다. 일본어로 일기를 쓰면서 꼭 지켰던 원칙은, 내가 아는 만큼만 내 수준에 맞게 일본어로 쓰기! 그리고 절대 번역기 사용하지 않기! 그래서 잘 보면 어색한 문장이나 틀린 부분도 참 많습니다.
하지만 일기를 쓰는 동안에는 틀리는 것을 두려워하지 않고 최선을 다해서, 내가 공부한 내용들을 최대한 활용하고 응용하여 문장을 썼습니다. 이렇게 꾸준히 일본어 일기를 쓰다 보니 학원에서 공부한 내용들이 저절로 복습도 되고, 일본어로 문장을 쓰는 것에도 조금씩 익숙해졌어요.

일기 쓰기는 쓰는 동안에도 도움이 되지만, 그보다는 훗날 내가 쓴 일기를 되돌아보는 순간이 최고의 묘미입니다. 한글 투성이였던 일기에서 조금씩 일본어가 많은 일기로 발전해 가고, 어색했던 문장들이 조금씩 자연스러워지고, 사용하는 표현들도 점점 다양해지고… 이러한 변화들이 시각적으로 보이거든요. 또한 예전에 썼던 문장을 보며, '여기는 이렇게 써야 하는데', '여기는 동사 활용이 틀렸네' 하면서 스스로 피드백을 할 수도 있습니다. 피드백을 할 수 있다는 건 그만큼 내 일본어가 성장했다는 증거겠죠?

아기들이 하루가 다르게 성장하듯이 특히 초급 단계에서는 한 달, 두 달의 실력 차이가 상당히 큽니다. (물론 매일 꾸준히 공부했다는 가정 하에!) 꾸준히 일기를 쓰다 보면 첫 장과 마지막 장의 일본어 수준이 전혀 다르다는 것을 스스로 알 수 있을 거예요. 게다가 첫 날부터 쭉 읽어 보면 어느 날부터 동사가 등장하고, 또 며칠 뒤부터 과거형이 등장하고, 하는 걸 보며 내가 어떻게 공부해 왔는지 되새겨 볼 수도 있습니다.

일본어의 가장 큰 장점은 우리말과 어순이 같고 문장 구조도 비슷하다는 점입니다. 그래서 한국어와 일본어를 섞어서 쓰기에도 비교적 편하고, 단어와 조사만 알면 초보자도 얼추 문장을 흉내 낼 수 있어요. 일본어 공부를 시작했다면 내 자신의 일본어가 성장하는 모습을 일기에 담아 보세요. 훗날 읽어 보면 정말 감회가 새롭답니다.

**일본어로
일기를 쓰자**

일본어로 글을 쓸 때 가장 중요한 것은 바로 '내 수준에 맞는 글'을 쓰는 것입니다. 내 수준에 맞는 글이란, 지금까지 공부한 범위 내에서, 내가 알고 있는 문법과 문형

만을 사용하여 글을 쓰는 거예요. 특히 일기는 다른 사람이 보는 것도 아니니 철저하게 내가 이해할 수 있는 문장으로만 써 나가면 됩니다. 괜히 번역기를 사용하여 알지도 못하는 문장을 쓸 필요는 없어요. 그동안 공부했던 단어와 문법들을 총 동원하여 글을 쓰고, 내가 공부한 범위에서 해결되지 않는 부분은 그냥 우리말로 씁니다.

### 명사와 형용사 활용까지 공부했다면?

아직 첫걸음 단계이기 때문에 문법과 어휘력이 부족하여 글을 쓰기에는 제약이 많이 따릅니다. 일본어로 글을 쓴다기 보다는 우리말로 일기를 쓰면서 중간중간 아는 단어나 조사 정도만 일본어로 쓰는 연습을 해 보세요. 최대한 일본어로 많은 문장을 쓰기 위해서는 '오늘은 월요일이다', '내일부터 휴일이다', '오늘 날씨는 비였다' 와 같은 명사 위주의 문장을 쓰거나, 형용사를 사용하여 '그 책은 재미있었다', '즐거운 하루였다' 처럼 느낌을 나타내는 문장을 많이 넣는 것이 좋습니다. 보통체(반말)을 공부했다면 반말로 써보고, 그렇지 않다면 존댓말로 쓰세요.

### 동사의 ます형까지 공부했다면?

ます형은 동사 공부의 첫걸음입니다. 이제는 동작에 대한 내용도 문장으로 쓸 수 있는 단계인데요. 하지만 ます형 하나만 갖고는 가장 기본적인 존댓말 표현만 가능합니다. 이 단계에서는 존댓말로 일기를 써 보도록 하세요. 오늘 했던 일을 쭉 떠올리며 '식당에서 밥을 먹었습니다', '7시에 학교에 갔습니다' 와 같은 기본 문장을 이용하여 하루 일과를 정리해 보세요. 중간중간 형용사를 넣어서 그때의 느낌도 함께 적어 보면 좋겠지요.

### 동사의 과거형까지 공부했다면?

 교재마다 조금씩 순서가 다르긴 하지만 대체로 동사의 ます형 다음에는 て형, 부정형, 과거형 정도를 공부하게 됩니다. 여기까지 공부하면 동사의 과거형과 부정형을 사용하여

오사카 도톤보리 코나몬
뮤지엄의 문어
**OSAKA**

PAGE: 107

시즈의
일본어 노트
しずの日本語ノート

'영화를 봤다', '밥을 먹지 않았다' 와 같은 반말 문장을 쓸 수 있어요. 또한 て형을 사용하면 '집에 가서 숙제를 하고' 처럼 다음 동작이 이어지는 표현도 가능해요. 게다가 활용 문법과 함께 공부하는 여러 가지 문형까지 적절히 응용한다면 제법 많은 부분을 일본어로 표현할 수 있게 됩니다. 두 개 이상의 동작을 순서대로 나열하는 문장을 적극 활용해 보세요.

워크북 39~41쪽에서 자신의 레벨에 해당하는 일기를 직접 써 보며 연습해 보세요. 우선 입문서로 충분히 문법적인 내용을 공부한 후에 쓰는 것이 좋습니다. 문장 전체를 일본어로 써야 한다는 부담은 저 멀리 던져 버리고! 자신이 아는 단어, 아는 표현만 일본어로 쓰면 돼요. 일본어로 쓴 일기를 보면 문장이 참 유치하다는 느낌이 드는데요. 초급 수준에 맞는 문장을 쓰려면 어쩔 수 없습니다. 지금 나의 일본어 실력이 아직 어린아이 수준이니 그 정도의 문장밖에 쓸 수 없는 것이 당연한 얘기예요.

한 가지 당부 드리고 싶은 것은, 우리말로 생각한 문장을 그대로 일본어로 바꾸려고 하지 말 것! 여러분의 한국어는 원어민 수준입니다. 원어민 수준에서 생각한 한국어 문장을 초급 수준인 일본어로 바꾼다고 생각해 보세요. 당연히 수준이 안 맞겠죠? 한국어 문장을 기준으로 일본어를 쓰려면 굉장히 어려워집니다. 그러니 일본어로 글을 쓸 때에는 최대한 머리에서 원어민 수준의 한국어를 깨끗이 지우고 내 일본어에 맞는 수준으로 생각해야 해요. 지금까지 공부한 문형들을 떠올리며 그 문형만 갖고 한국어로 생각하도록 하세요. 그것보다 더 좋은 것은 아예 처음부터 일본어로만 생각하는 것입니다. 그러면 어쩔 수 없이 내가 아는 일본어로밖에 생각할 수 없으니까요. 초반에는 어렵겠지만 어느 정도 문법 공부를 했다면 일본어로 생각하는 연습도 해 보세요.

**일본인 친구와 공부하는 법,
일본어 메일 쓰기 (중급자용)**

　　　　2003년 3월 말, 이제 학원에서 수업을 들은 지 어언 6개월이 되어 가고. 입문서를 거의 마치고 기초 문법을 졸업할 무렵이었어요. 기초 문법과 문형도 다 배웠겠다, 그동안 일본어로 일기를 쓰며 작문 연습도 충분히 했겠다, 이제는 일본인과 직접 얘기를 나눠 보고 싶다는 생각이 들었습니다.
물론 학원에도 일본인 선생님이 있었지만, 또래 일본인 친구와 학교 얘기, 일상 얘기 등 시시콜콜한 이야기를 나누고 싶기도 했고, 일본에 살고 있는 지극히 평범한 일본인이 쓴 글을 읽어 보고 싶기도 했어요. 그래서 인터넷을 통해 동갑내기 펜팔 친구를 한 명 구해 메일을 주고받았습니다.

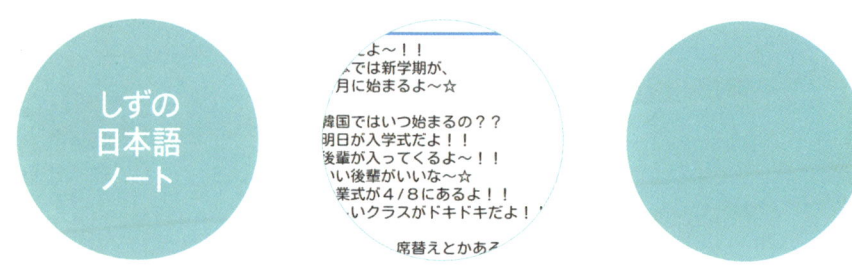

이미 기초 문법이 탄탄하게 잡혀 있는 상태라 전체적으로 내용을 이해하는 데 큰 어려움은 없었습니다. 종종 모르는 단어나 낯선 한자가 있긴 했지만 그 정도는 사전을 찾아 보며 충분히 이해할 수 있었어요.

일본인과 소통을 한다는 것이 즐겁기도 했지만 무엇보다도 평범한 일본인이 쓴 문장을 직접 읽고 습득할 수 있다는 점이 저에게는 가장 큰 매력으로 다가왔어요. 내가 공부한 문법과 문형들이 이렇게 쓰이는구나, 친구끼리 말할 때에는 이런 식으로 줄여서 말을 하는구나, 일본어에서는 이런 어휘를 사용하는구나, 하는 것들을 친구의 메일을 통해 배울 수 있었어요. 책으로 공부했던 내용들이 실제 일본인 친구가 쓴 메일에 녹아 있는 것을 보니 신기하기도 했고 공부한 보람이 느껴졌습니다. 게다가 답장을 보낼 때에도 일본인이 쓴 문장이나 표현, 어휘를 그대로 모방하여 사용할 수 있으니 저절로 연습이 되고 복습이 되었습니다.

한동안 메일을 주고 받다가 나중에는 직접 편지를 쓰기도 했어요. 편지와 함께 각자 나라의 광고지나, 공부하는 책 페이지 일부, 학교 시간표, 시험지, 스티커 사진 등등 지극히 일상적인 물건들도 함께 주고 받았습니다. 일본에 한 번도 가 본적이 없었던 저는 일본어가 적혀 있는 우표 하나, 스티커 하나 모든 것이 그저 신기했고, 더 열심히 일본어 공부를 해서 일본에 가 봐야겠다는 생각을 했습니다.

대학생 때에는 우연히도 친구가 살고 있는 나고야로 유학을 가게 되어 실제로 만나기도 했고, 지금까지도 연락을 이어 가고 있답니다.

외국어 공부를 하면서 가장 뿌듯하고 즐거운 순간은 역시 현지인과 의사 소통을 할 때가 아닐까요? 비록 말이 아닌 글로 하는 대화였지만, 나랑 나이가 같은 일본인 친구와 일본어로 소통한다는 것이 저에게 다시 한 번 일본어 공부의 즐거움을 일깨워 줬습니다.

일본인 펜팔 친구를 만들기에 적당한 시기는 기본적인 활용 문법을 모두 공부한 시점, 그리고 일기 쓰기를 통해 충분히 작문 연습을 한 시점 좋다고 생각해요. 일기 쓰기는 나 혼자 보는 것이니 모르면 한글로 써도 되고, 내가 아는 일본어로만 쓰여 있으니까 읽고 이해하는 데에도 어려움이 없지만 일본인과 메일을 주고 받는 것은 그게 통하지 않습니다. 받은 메일에 모르는 단어가 있다면 사전을 찾아 보면 되지만, 모르는 문법이나 문형은 사전으로 찾을 수 있는 부분이 아니거든요. 기본적인 문법과 문형 정도는 머릿속에 들어 있어야 스스로의 힘으로 내용을 이해할 수 있습니다. 모르는 부분이 너무 많으면 당연히 번역기에 의존하게 되고 그러다 보면 학습 효과도 줄어들겠죠.

단순히 친구를 만들기 위한 목적이 아니라 일본어 실력 향상을 위한 목적도 갖고 있다면, 이왕이면 한국어를 잘 모르는 친구를 구하는 것이 좋습니다. 상대방이 한국어를 할 줄 알면 굳이 어렵게 일본어로 생각할 필요가 없으니 은근슬쩍 한국어로 쓰게 돼요. 또한 일본인과 펜팔을 하는 이유 중 하나가 '일본인이 쓴 생생한 일본어 문장'을 직접 접하고 내 것으로 만들기 위한 것인데, 일본인이 한국어로 메일을 보낸다면 일본어 공부에는 전혀 도움이 되지 않겠지요.
펜팔 친구를 통해 일본어 실력을 향상시키려면? 첫째, 번역기를 사용하지 말 것! 둘째, 100% 일본어로 소통할 것! 두 가지 조건이 갖춰져야 합니다. 이 조건을 갖추기 위해 선행되어야 하는 것이 '기초 일본어 공부'와 '충분한 작문 연습'이랍니다. 그래야만 원활한 의사소통이 가능하니까요.
일본인 펜팔 친구는 한일 교류 사이트 (KJCLUB-www.kjclub.com/kr) 에서 직접 원하는 상대를 골라 연락을 취하거나 친구를 구한다는 글을 올려서 구하는 방법이 있고, 외국인 친구와 메시지를 주고받을 수 있는 스마트폰 어플로 구할 수도 있습니다. 개인적인 경험으로는 메신저를 통한 실시간 대화보다 메일이나 편지로 길게 글을 쓰면서

소통하는 것이 더욱 도움이 되었던 것 같습니다. 참고로 남자와 여자의 말투가 조금씩 다르니 가능하면 동성 친구를 만드는 것이 좋습니다. 그렇지 않으면 남자가 여자 말투를, 여자가 남자 말투를 배울 우려가 있어요.

**일본인 친구의
'따라쟁이'가 되자**

일본인 친구와 펜팔을 시작했다면 그 친구의 '따라쟁이'가 될 각오로 메일을 읽어야 합니다. 제가 어떤 방식으로 메일을 활용했는지 살펴 보도록 해요.

2003-3-22 (土)
日本語で打っていいのかな？よろしくね！！
名前は山本舞(Yamamoto Mai)だよ！
日本の愛知県名古屋市に住んでます。
趣味は音楽を聞くことだよ！
今はジョンレノンのIMAGINEが好きだよ！
韓国語、勉強してるけど
日本のパソコンではハングル文字が打てないんだよね。残念だね！
日本語なら教えるよ！

일본어로 써도 되나? 잘 부탁해!
이름은 야마모토 마이야.
일본의 아이치현 나고야시에 살아요.
취미는 음악을 듣는 거야.
지금은 존 레논의 IMAGINE을 좋아해.
한국어 공부 하고 있지만 일본 컴퓨터에서는 한글 문자를 쓸 수 없어. 아쉽다!
일본어라면 가르쳐 줄게!

일본인 친구 '마이'에게 처음으로 받았던 메일인데요. 저는 받은 메일을 대충 보지 않고 굉장히 꼼꼼하게 살펴보았어요. 내가 공부했던 내용이 들어 있나, 내가 모르는 표현이 있나, 매의 눈으로 관찰했습니다. 그렇다면 이 메일에서는 어떤 것들을 알 수 있을까요?

### 日本語で打っていいのかな？
일본어로 써도 되나?
書く(쓰다)가 아닌 打つ(치다) 라는 동사를 사용했어요. 아하! 메일은 손으로 쓰는 게 아니라 키보드로 치는 거니까 打つ를 써야 하는구나. 그리고 이건 전에 배웠던 ~てもいい 라는 표현인 것 같은데? も를 생략하고 쓰기도 하나보네.

### 名古屋市に住んてます。
나고야시에 살아요
'~에 살아요'라고 말할 때에는 住みます가 아니라 꼭 住んでいます라고 해야 한다고 배웠어요. 그리고 회화에서는 い가 자주 생략된다고 배웠습니다. 배웠던 내용이 그대로 일본인의 문장에 담겨 있어요.

### IMAGINEが好きだよ！
IMAGINE을 좋아해!
'~을 좋아해요' 라고 할 때에는 조사 を가 아닌 が를 써야 하니까 주의하라고 배운 기억이 납니다. 정말로 일본인이 が를 썼어요.

### 日本のパソコンではハングル文字が打てないんだよね。
일본 컴퓨터로는 한글 문자를 칠 수 없어.
コンピューター가 아닌 パソコン을 사용했네요. 오호, 그러면 나도 앞으로 パソコン

을 써야겠다. 그리고 동사의 가능형 활용이 보입니다. 가능형 앞에서는 조사 が를 써야 한다고 배웠는데 역시 배웠던 그대로네요.

메일을 읽으며 이미 알고 있는 내용은 다시 한 번 확인하고, 어떤 문장에서 어떤 어휘를 썼는지, 어떤 표현을 썼는지 하나하나 기억했다가 답장을 쓸 때 그대로 따라 했습니다. 뭐니뭐니해도 이 메일에 쓰인 일본어는 교과서적인 일본어가 아니라, 내 또래의 평범한 일본인이 쓴 생생한 일본어잖아요. 저도 일본인이 쓴 문장과 최대한 흡사하게 쓰고 싶었고, 그러기 위해서는 먼저 일본인 따라쟁이가 되어야 한다고 생각했습니다. 열심히 따라 하다 보면 언젠가는 내 것이 될테니까요. 그래서 메일을 읽는 것에만 그치지 않고 직접 손으로 옮겨 적으며 문장 하나, 단어 하나까지 꼼꼼하게 되새기곤 했어요.

메일을 받았으면 이제 답장을 써야 하는데요. 답장을 쓸 때에도 따라쟁이가 되면 쉽게 쓸 수 있습니다. 일본인이 쓴 내용에서 단어만 살짝 바꾸고 필요에 따라 문장을 조금 더 추가하면 돼요. 기초 작문 연습에서 예문 바꾸기를 했던 것처럼 말예요.

私の名前は金妍真(Kim Yeonjin)だよ。
韓国の大田(テジョン)に住んでます。

大田はソウルとプサンの間にあります。
趣味はまんがを読むことです。
今は「名探偵コナン」が好きだよ！
日本の歌も好きです。
私のパソコンでは日本語が打てますから、大丈夫です。
まだ日本語が上手じゃないけど、よろしくね！

내 이름은 김연진이야.
한국의 대전에 살아요.
대전은 서울과 부산 사이에 있어.
취미는 만화를 읽는 것입니다.
지금은 '명탐정 코난'을 좋아해.
일본 노래도 좋아해요.
내 컴퓨터로는 일본어를 칠 수 있으니까 괜찮아요.
아직 일본어를 잘하지 못하지만, 잘 부탁해!

일본인이 쓴 내용과 크게 차이가 없죠? 사는 곳을 그냥 대전이라고 하면 어디인지 모를 것 같아서 간단하게 위치를 알려 주는 문장을 추가하고, 취미와 좋아하는 것에 대해서도 일본인의 문장을 그대로 가져다가 썼습니다. 잘 부탁한다는 인사도 똑같이 했고요. 일기 쓰기에서는 일반 문장체로 글을 쓰지만 메일에서는 대화하는 식으로 회화체 문장

을 사용하게 됩니다. 비록 글로 하는 대화이지만 일본인이 쓰는 회화체 문장을 읽으며 회화에서 쓰는 말투나 표현 등을 간접적으로 접할 수 있어요. 그리고 일본인이 쓴 문장을 직접 따라 쓰다 보면 자연스럽게 내 머리에도 입력이 되고, 실제로 회화를 할 때에도 도움이 될 수 있습니다.

기초 문법을 마친 단계에서, 이제는 교과서에서 벗어나 조금은 리얼(?)한 일본어를 접해 보고 싶다면 바로 일본인 친구를 찾아 보세요.

## 일본어 토막 상식

### 비슷한 듯 다른 한국어와 일본어

일본어는 한국어와 어순도 비슷, 발음도 비슷, 단어도 비슷, 닮은 구석이 많은 언어예요. 그렇다 보니 일본어로 작문을 하다 보면 아무렇지 않게 한국식 단어를 일본어 문장에 그대로 사용하게 되는 경우도 있는데요. 똑같은 한자어라도 의미가 전혀 달라지는 단어도 있으니 꼭 주의해야 합니다.

- 愛人(あいじん) : 우리말로 읽으면 '애인'. 그러나 알콩달콩 평범한 연인 사이가 아닌 '불륜' 관계를 의미합니다. 일본어에서는 恋人(こいびと, 연인) 또는 彼氏(かれし, 남자친구), 彼女(かのじょ, 여자친구)라는 말을 사용하면 돼요.
- 工夫(くふう) : 우리말로 읽으면 '공부'. 하지만 우리가 생각하는 그 '공부'가 아닙니다. 일본어에서는 골똘히 생각한다는 의미의 '궁리, 고안'이라는 뜻이예요. '공부한다' 할 때의 그 '공부'는 일본어로 勉強(べんきょう)입니다!
- 洋服(ようふく) : 우리말로는 '양복'. 양복이라 하면 직장인들이 입는 그 시커먼 양복이 떠오르죠? 하지만 일본어에서의 '양복'은 '서양식 옷'을 뜻합니다. 전통 의상이 아닌, 요즘에 평범하게 입는 반바지, 티셔츠, 원피스… 이런 옷들을 통틀어서 洋服라고 해요. 그렇다면 우리가 생각하는 그 양복은 일본어로 뭐라고 할까요? 가타카나를 써서 スーツ라고 하면 됩니다.
- 大学(だいがく) : '대학'인데요. 한국어에서는 보통 '대학교'라고 많이 하죠. 하지만 일본어에서는 '교'를 붙이지 않고 그냥 大学라고만 한다는 사실!
- 学院(がくいん) : 우리말로 읽으면 '학원'입니다. 우리나라 학생들 학원 참 많이 다니죠. 그런데 일본어에서의 学院은 우리가 생각하는 그런 '학원'이 아니라 학교 이름에 사용하는 단어예요. 주로 사립학교의 명칭에 많이 쓴다고 하네요. 일본어학원, 영어학원, 수학학원 이런 학원들은 일본어로 塾(じゅく)라고 하면 됩니다. 상급학교 진학을 위해 공부하는 입시학원은 予備校(よびこう)라고 해요.

# 07

JAPANESE

# 일본어를 깊이 이해하는, 책 읽기와 독해 연습

# 07. 일본어를 깊이 이해하는, 책 읽기와 독해 연습

**책을 읽으면
일본어와 가까워져요**

저는 일본 노래와 애니메이션을 좋아해서 일본어를 시작한 케이스였기에 아직 일본어를 잘 하지 못했던 때부터 좋아하는 애니 관련 원서를 많이 읽었습니다. 내용 이해는 둘째치고, 히라가나를 아니까 어쨌든 읽을 수는 있었어요.

원서 중에는 친절하게 한자에 후리가나가 달려 있는 것도 있고, 후리가나가 전혀 없는 책도 있는데요. 당연한 얘기지만 후리가나가 있는 책만 읽었습니다. 후리가나가 없는 건 훗날을 기약하며 그림만 보았죠. 사실 일본어 학습 목적으로 책을 읽는 거라면 자신의 레벨에 맞는 글을 읽는 게 가장 좋지만, 저는 학습 목적이 아니라 정말로 그 내용을 알고 싶었던 것이라 조금 많이 무리해서 제 수준에 맞지도 않는 원서를 읽었습니다.

아직 문법을 제대로 몰랐을 때에는 그저 히라가나를 보고 읽으며, 간혹 아는 단어가 나오면 내용을 추측할 수 있는 정도였어요. 하지만 문법을 공부하고 나니 이제는 정확한 내용을 알 수 있었지요. 변형된 동사나 형용사의 원형이 뭔지 알 수 있었기에 웬만한 단어들은 사전으로 찾아볼 수 있었고, 공부했던 기본적인 문형과 문법들을 총동원하여 좀 더 정확한 해석을 할 수 있었습니다. 일본어는 우리말과 어순이 같으니 사전으로 단어 뜻만 찾아보면 적절히 나열하고 연결해서 거의 비슷한 해석을 할 수가 있으니까요.

당시에는 아는 단어보다 모르는 단어가 훨씬 많았기 때문에 사전을 수도 없이 찾아야 했습니다. 그래서 사전으로 찾은 단어들을 따로 정리하기도 했고, 나중에 또 읽으며 해석하려면 힘드니까 아예 해석한 내용을 노트에 써 놓기도 했어요.

애초에 일본어 원서를 공부 목적으로 읽은 것은 아니었지만 이렇게 꾸준히 원서를 읽다 보니 일본어 공부에도 도움이 된다는 것을 느꼈어요. 글에 유독 많이 등장하는 단어들은 자연스럽게 외워졌고, 일본어 문장구조나 여러 가지 일본어식 표현들도 점점 눈에 들어오게 되었습니다.

일본어 책 읽기의 효과를 직접 느끼고 이후로는 정말로 공부를 위해 읽기 시작했어요. '일한 대역문고'와 같이 일본어 원문과 함께 해석이랑 단어 정리가 되어 있는 교재를 읽기도 했고, 비교적 가볍게 읽을 수 있을 법한 원서를 구입하여 읽기도 하며 다양한 읽을거리를 찾아 다양한 일본어 문장을 접하려고 노력했습니다.

책 읽기의 가장 큰 장점은 우리말과 다른 일본어식 표현과 친해질 수 있다는 것입니다. 일본어가 쉽다고 생각하는 가장 큰 이유는 우리말과 비슷하다는 점인데요. 어순도 같고 문장 구조도 거의 비슷해서 단어랑 문법만 조금 알면 뭐든 일본어로 말할 수 있을 것만

같은 기분이 들기도 합니다. 그래서 일본어를 한창 배워 나가는 초급 단계에서는 한국어 문장을 일본어로 그대로 바꿔 쓰는 경우가 많습니다. 저 역시 그랬고요.

1) デパートで友だちを会いました。
백화점에서 친구를 만났습니다.

2) 頭が痛くてくすりを食べました。
머리가 아파서 약을 먹었습니다.

3) 英語の試験を見ました。
영어 시험을 봤습니다.

아직 일본어를 잘 모르는 한국인이 이 문장들을 읽으면 아무런 위화감을 느끼지 못합니다. 한국어 감각으로는 모두 말이 되는 문장이거든요. 하지만 일본어 감각으로 읽어 보면 모두 땡! 틀린 문장입니다.

1) デパートで友だちを会いました。
백화점에서 친구를 만났습니다.
이 문장은 조사가 틀렸습니다. 한국어로 생각해 보면 '누구누구를 만나다'라고 하니까 일본어로도 조사 を를 쓰게 되는데, 일본어는 '~に会う(~에 만나다)'라고 표현하는 게 맞거든요. 그러므로 올바른 문장은 友だちに会いました 입니다.

2) 頭が痛くてくすりを食べました。
머리가 아파서 약을 먹었습니다.
한국어에서는 약을 '먹는다'고 표현하지만 일본어에서는 약을 '마신다'고 하는 게 맞습니다. 그렇기 때문에 동사 食べる(먹다)가 아닌 飲む(마시다)를 사용해서 くすりを飲みました 라고 해야 하죠.

3) 英語の試験を見ました。
영어 시험을 봤습니다.

역시 동사가 잘못된 문장입니다. 우리말로는 시험을 치르다는 의미로 '시험을 본다'고 하지만 일본어로 見る를 사용하면 그냥 정말 '눈으로 본다'는 의미이기 때문에 이상한 문장이 됩니다. 시험을 볼 때에는 受ける라는 동사를 사용하여 試験を受ける 라고 하는 게 자연스러워요.

앞서 '표현문형' 파트에서도 언급했지만, 일본어가 한국어와 비슷하다고 해서 만만하게 보면 안 됩니다. 여기에서 예로 든 문장들은 가장 기초적인 내용일 뿐, 일본어를 계속해서 공부하다 보면 한국어와 다르게 표현되는 부분들과 자주 마주치게 될 거예요. 한국어와 일본어는 문장 구조만 비슷할 뿐이지 세부적인 표현들을 들여다보면 미묘하게 다른 부분이 많습니다. 일본어도 엄연한 '외국어'니까 한국어랑 똑같을 수만은 없겠죠.

일본어는 공부할수록 어려워진다는 말이 있죠. 처음에는 우리말과 비슷하다는 생각으로 쉽게 시작했다가 점점 우리말과 다른 부분들이 눈에 보이고, 우리말이랑 비슷하니까 외울 게 별로 없을 거라 생각했는데 예상 외로 외울 것도 많고. 그래서 생긴 말이 아닐까요? 애초에 우리말과 비슷하다는 선입견을 버리고, 우리말과 다른 '외국어'로서 대하는 것이 일본어를 쉽게 공부하는 비결이라고 생각합니다.

아무튼 이렇게 한국어와 다른 일본식 표현과 문장들은 일일이 교재를 통해서 이론적으로 공부할 수는 없습니다. 교재에서 다루는 내용들은 극히 일부일 뿐이거든요. 그래서 좀 더 자연스럽고 일본어다운 일본어를 알기 위해서는 직접 일본어 문장 속으로 뛰어들어야 해요. 평소에 다양한 책을 통해 다양한 일본어 문장을 접하다 보면, 문장 속에서 이러한 차이를 스스로 발견하여 습득할 수 있습니다. 또한 자연스러운 일본어 문장을 꾸준히 접해야만 '한국어스러운 일본어'가 아닌 '일본어다운 일본어'를 구사할 수 있게 된답니다.

## 어떤 책을 읽으면 좋을까요?

'일본어 책을 읽어라' 하면 일본어 원서를 먼저 떠올리는 학습자가 많은 것 같아요. 실제로 '초급자가 읽을 만한 원서 없을까요?' 하는 질문을 많이 받기도 했는데요. 사실 공부를 위해 읽는 일본어 원서는 최소한 기초 문법은 모두 마스터하고 중상급 정도의 수준은 갖춘 후에 읽어야 도움이 된다고 할 수 있습니다. 초급자가 원서로 공부하기에는 여러모로 어려움이 많아요.

초급 수준으로 원서를 읽으려면 일단 모르는 단어가 너무 많으니 사전을 엄청나게 찾아야겠죠? 게다가 우리말 설명이나 해석이 전혀 없기 때문에 내가 이해한 내용이 맞는지 확인할 방법도 없어요. 그러니 초급자가 원서를 읽으려면 굉장한 인내심과 끈기를 필요로 합니다.

제가 초급 시절부터 원서를 읽을 수 있었던 것은 '공부' 때문에 아니라, 정말로 좋아하는 분야의 책이었기에 가능했던 것이라고 생각해요. 어떻게든 내 힘으로 이 책의 내용을 이해하고 싶다는 강한 욕구가 있었기에, 무려 '종이 사전'으로 하나하나 단어를 찾는 번거로움도 이겨내고 꿋꿋하게 읽을 수 있었습니다.

만약 제 경우처럼 공부 목적이 아니라 정말로 본인이 좋아하는 책, 꼭 읽고 싶은 책이 있다면 과감히 원서에 도전해 보는 것도 좋습니다. '읽고 싶다'는 강한 욕구만 있다면 인내심과 끈기는 저절로 생기고 일본어 공부에 대한 동기 부여도 되거든요.

하지만 그 정도로 꼭 읽고 싶은 책이 아니라면, 학습용으로 읽는 읽기 교재는 자신의 수준에 맞는 책을 고르는 것이 좋습니다. 사전을 찾다가 지칠 정도로 모르는 단어가 많다면 그것보다 조금 더 쉬운 책을 골라야 하겠죠.

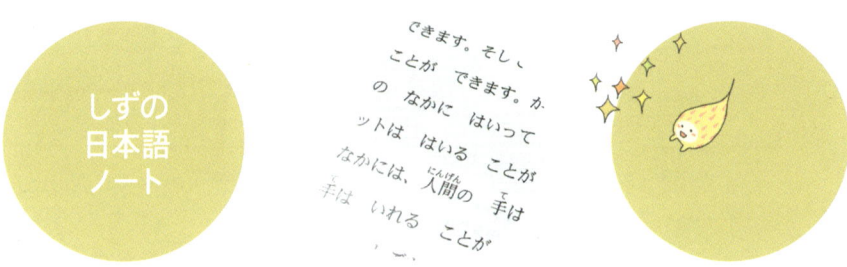

### 기초 독해 교재
아직 동사 활용의 초반부를 한창 공부하고 있는 초급 단계라면 초급자용 독해 교재로 차근차근 기초부터 다져 보세요. 일본어능력시험 N5~N4 수준의 독해 교재라면 한자도 많지 않고 초급 수준의 문법과 문형으로만 이루어진 글이라 초급자도 부담 없이 읽으며 기초 문법과 기초 단어를 탄탄히 다질 수 있습니다.

### 이야기 책
동사 활용의 초반부 학습을 마치고 의지형, 가능형, 수동형 등 후반부 활용까지 어느 정도 배웠다면 원서와 흡사한 내용을 다루고 있는 국내 교재로 읽기 연습을 합니다. 인터넷 서점에서 '일본어 동화' '일본어 명작' '일한대역문고' 등으로 검색해 보면 여러 가지 일본 문학 작품을 다룬 책들이 있는데요. 이러한 책들은 일본어 원문이 그대로 실려 있어서 원서를 읽는 것과 크게 다르지 않습니다. 게다가 해석과 함께 단어나 문법도 정리되어 있기 때문에 모르는 부분을 꼼꼼히 확인하고 공부할 수도 있습니다. 실제 원서를 읽기에 앞서 이런 책으로 읽는 연습을 충분히 한다면 원서 읽기에도 많은 도움이 됩니다.

**책도 읽고
노트도 정리하고**

　　　　책을 단순히 읽기만 해도 상관은 없지만 좀 더 꼼꼼하게 공부하기 위해 필기를 해 보는 것도 좋습니다. 눈으로 읽고 손으로 쓰며 정리하면 기억에도 오래 남고 나중에 복습하기도 편하거든요. 저는 책에 바로바로 밑줄을 치고 메모하며 공부하기에는 책이 아까웠기에 노트에 따로 정리했습니다.

이 노트에는 굉장히 다양한 내용들이 담겨 있습니다. 일단 오른쪽에 작은 칸으로 구분

해 놓은 것은 단어 정리예요. 예문이 없어도 의미 파악에 어려움이 없는 단순한 단어라든가, 한자 읽는 법을 잘 모르는 단어, 혹은 긴가민가 해서 사전으로 다시 한 번 확실히 찾아 봤던 단어들을 메모한 공간입니다. 그리고 나머지는 책을 읽으면서 기억하고 싶은 일본어 표현이나 독특한 단어들을 문장과 함께 정리한 거예요. 주로 직역이 어려운 회화 표현이나 우리말과 다른 표현들, 또는 예문과 함께 읽어야 정확한 뉘앙스를 이해할 수 있는 단어들이 담겨 있습니다. 필요에 따라 그림을 추가하기도 하며 자유로운 방식으로 노트를 채워 나갔어요.

**읽을 책, 노트, 일본어 사전**

1) 먼저 내용을 전체적으로 쭉 읽으며 모르는 단어나 기억해 두고 싶은 표현이 있으면 체크합니다. 눈에 띄도록 형광펜을 사용해도 좋고 책에 낙서하기가 싫다면 연필로 살짝 표시해도 좋아요. 모르는 부분이 있더라도 사전을 찾지 말고 전체적인 문맥으로 의미를 추측해 보세요.
2) 체크해 놓은 부분을 노트에 정리하며 공부합니다. 대부분 교재에 단어와 문법 정리가

실려 있으니 그 부분을 참고해도 좋고 직접 사전을 찾아보는 것도 좋습니다.
필요에 따라 예문이나 부가 설명을 추가하며 나만의 스타일로 정리해 보도록 합니다.

3) 모르는 부분 확인을 마쳤으니 다시 한 번 전체적으로 쭉 읽으며 내용을
이해해 보세요.
눈으로만 읽어도 바로바로 해석이 된다면 여기에서 연습을 마쳐도 됩니다.
내가 정확하게 이해한 건지 확신이 들지 않는다면 해석을 직접 적어 보세요.
손으로 쓰기가 귀찮다면 컴퓨터로 써도 좋아요.

4) 내가 해석한 내용과 책에 나온 해석을 비교하며 확인해 봅니다. 책에서는 종종 의역을
하는 경우도 있기 때문에 반드시 내가 한 해석과 똑같을 수는 없지만,
전혀 엉뚱하게 해석을 한 부분이 있다면 체크하고 정리합니다. 또한 틀린 부분
뿐만 아니라 해석하는 과정에서 우리말로 직역하기 어려웠던 부분, 우리말과
다른 표현이 쓰인 부분 등 기억해 두고 싶은 문장도 함께 체크하고 정리해 보세요.

5) 다시 한 번 내용을 읽어 보며 머릿속으로 올바르게 해석해 봅니다.

일본어 원서로 읽기 연습을 할 경우에는 4)번의 해석 과정을 제대로 연습할 수 없습니다.
그렇기 때문에 어느 정도 독해에 자신이 붙을 때까지는 원서가 아닌 일본어 교재로 공부
하는 게 좋아요.

**내 마음을 사로잡은**
**일본어 베껴쓰기**

여러 가지 일본어 공부 중 제가 가장 즐겨 하고, 오랫동안 꾸준히 해 온 것이
바로 베껴 쓰기입니다. 앞서 한자 파트에서도 잠깐 얘기했지만, 어릴 때부터 귀여운 글씨
체에 관심이 많았고 글씨 쓰는 것 자체도 굉장히 좋아했어요. 일본 노래를 외우며 아직

히라가나와 단어 몇 개밖에 모르던 시절, 히라가나 쓰는 것도 좋아하긴 했지만 컴퓨터 상으로 인쇄체 글씨밖에 본 적이 없었기에 '귀여운 일본어 글씨'라는 건 상상조차 하지 못했습니다. 그저 인쇄체 글씨를 보고 따라 그릴 뿐이었죠.

그렇게 인쇄체만을 보다가 귀여운 일본어 손글씨와 첫 대면을 했던 것이 앞서 43페이지에서 보여드렸던 한 애니메이션 그림. 그 그림을 계기로 조금씩 일본어 글씨체를 귀엽게 바꾸기 시작했죠. 글씨체를 귀엽게 바꾸고 나니 뭐든 일본어로 노트필기를 하고 싶었고 그 시기에 시작했던 것이 바로 일본 노래가사 베껴쓰기입니다.

처음에는 아직 한자까지는 예쁘게 쓸 자신이 없었기에 일단 히라가나로만 노트를 채웠어요. (사실 한자로 쓰면 제가 읽을 수 없다는 이유도…) 이 글씨체를 꽤 오랜 기간 써오다가 우연한 기회에 또다시 새로운 글씨체에 꽂히는 계기가 생겼어요. 당시에 일본 애니메이션 잡지를 구독해서 보고 있었는데 그 잡지에 저를 한눈에 사로잡은 손글씨 일본어가 실려 있었습니다.

아니, 이렇게 귀여운 글씨체가 있다니!! 게다가 처음에 봤던 손글씨와 달리 한자도 다양하게 적혀 있어 연습하기에도 적당할 것 같았죠. 글씨를 보자마자 또 한번 한눈에 반한 저는 이 글씨체를 꼭 내 것으로 만들고야 말겠다며 다시 연습에 연습을 거듭했습니다. 글씨의 특징을 하나하나 살펴보며 그대로 따라 그려보기도 하고, 복사를 해서 위에 써보기도 하며 수도 없이 일본어를 썼어요. 그리고 마침내… 똑같지는 않았지만 저만의 예쁜 글씨체를 가질 수 있게 되었답니다.

이렇게 글씨 연습을 겸하여 베껴 쓴 노래 가사가 무려 52개!! 이쯤 되니 일본어 글씨 쓰기에도 제법 자신이 붙었고 이제는 노래 가사가 아닌 제대로 된 일본어 글을 써보고 싶다는 욕심도 생겼어요. 예쁜 글씨로 어설픈 일본어 문장을 쓰고 싶지는 않았기에 그때부터 시작한 것이 바로 일본어 책 베껴쓰기였죠. 갖고 있던 교재의 일본어 글을 쓰기도 하고, 내용은 잘 모르지만 일본어 원서에 있는 문장을 무작정 옮겨 적어 보기도 했어요.

단순히 귀여운 일본어 글씨를 쓰고 싶다는 생각으로 썼던 것이라 '공부한다'는 느낌은 전혀 없었습니다. 그저 내가 쓴 글씨로 노트를 한 줄 한 줄 채워 나가는 것이 즐거웠어요. 그런데 이렇게 취미로 쓰기 시작한 베껴 쓰기가 일본어 학습에도 알게 모르게 도움이 되더라고요.

'쓰기' 공부이긴 하지만 어쨌든 일본어 교재나 원서를 보고 쓰는 것이니 간접적인 책 읽기 효과가 있었습니다. 수많은 문장들을 읽고 쓰면서 일본어 문장에 친숙해졌어요. 또한 베껴 쓰기를 하는 과정에서 지속적으로 한자도 손으로 쓰게 됩니다. 그러다 보니 많이 써 본 한자들은 이제 외워서 척척 쓸 수 있게 되었어요. 한자와 단어 공부가 저절로 되었던 것이죠.

또한 이전까지는 주로 인터넷에 올라온 노래 가사를 통해 일본어 문자를 접했기 때문에 정자체와 약자체의 구분도 잘 되지 않았어요. 컴퓨터로 일본어를 볼 때에는 폰트 설정을 제대로 하지 않으면 한자가 모두 정자체로 표기되는데, 일본어 왕초보였던 제가 그런 걸 알 턱이 없었죠. 그래서 정자체와 약자체를 섞어 쓰는 경우가 빈번했습니다. 하지만 일본어 교재와 원서를 보며 한자를 쓰다 보니 서서히 약자체 한자가 손에 익었어요.

베껴 쓰기는 단기간에 눈에 띄는 효과가 있는 건 아니지만, 일본어 문장 접하기와 한자 연습을 동시에 하며 차근차근 일본어 실력을 쌓아 갈 수 있는 공부라고 생각해요. 또한 초급 레벨부터 상급 레벨까지 꾸준히 할 수 있는 공부법이기도 합니다. 입문서로 공부하는 동안 입문서에 나온 문장들로 베껴 쓰기를 꾸준히 한다면 기초 한자와 단어 익히기에도 도움이 될 거예요. 예쁜 손글씨에 관심이 많고 글씨 쓰기를 좋아하는 학습자라면 '즐거운 학습 수단'으로 이용하기에도 제격입니다.

베껴 쓰기를 할 때에도 자신의 레벨에 맞는 내용을 선정하여 쓰는 것이 중요한데요. 따로 책을 살 필요 없이 현재 공부하고 있는 교재나, 읽고 있는 원서 등을 사용하면 됩니다. 앞서 소개해 드린 독해 공부를 통해 내용을 충분히 이해한 후, 복습을 겸하여 베껴 쓰기를 하면 좋습니다. 전혀 공부하지 않은 내용으로 베껴 쓰기를 하다 보면 중간에 모르는 단어가 많이 나와서 흐름이 깨질 수도 있답니다. 그러니 처음 보는 내용보다는 이미 공부했던 내용들, 사전을 많이 찾지 않아도 이해할 수 있는 수준의 글을 골라서 쓰는 것이 중요해요.

문장을 옮겨 쓸 때에는 가능한 한 길게 외워서 쓰세요. 글자 하나하나를 보고 베끼는 게 아니라, 단어 단위나 문장 단위로 길게 끊어서 읽고 써야 학습 효과가 있습니다.

今日は朝から雪が降って、どこにも行きませんでした。
오늘은 아침부터 눈이 내려서 어디에도 가지 않았습니다.

이 문장을 쓴다고 가정해 봅시다. 가장 좋은 것은 문장 전체를 읽은 후 외워서 쓰는 것! 하지만 그게 어렵다면 중간에 점이 있는 곳까지만 외워서 씁니다. 그것도 어렵다면 今日は / 朝から / 雪が / 降って… 하는 식으로 조사를 기준으로 끊어 읽으며 쓰세요. 그래야만 일본어 문장이 눈에 들어온답니다. 자신이 외울 수 있는 만큼 최대한 길게 외워서 써 보세요.

한자 읽기 연습을 하고 싶다면 한자 위에 후리가나를 적어 보는 것도 좋은데요. 글씨를 크게 쓰는 편이라 일반 노트의 칸이 너무 좁다면 초등학생 노트나 무선 노트를 사용해 보세요.

## 📖 TIP

시즈의
한자
예쁘게 쓰기

이왕 베껴쓰기를 하는 거, 예쁜 글씨로 쓴다면 만족감도 배가 되겠죠. 그런데 한자를 예쁘게 쓰지 못해 고민하시는 분들이 많은 것 같아요. 어떻게 하면 한자를 잘 쓸 수 있을까요?

### 1. 한자를 손에 익히기
한자에 아직 익숙하지 않은 분들은 한자를 쓸 때 한 획 한 획 보고 그리듯이 쓰는 경우가 많은데요. 그리듯이 쓰는 글씨는 예쁘게 쓰기가 어렵습니다. 한자도 진짜로 '글씨 쓰듯이' 자연스럽게 슥슥 써나갈 수 있도록 평소에 자주자주 써보도록 합시다!

### 2. 한자의 모양 정확하게 파악하기
한자는 言, 月, 日, 金, 糸와 같은 간단한 글자들이 여러 개 모여서 하나의 글자가 되는 것이 많습니다. 그렇기 때문에 각 글자들이 어느 위치에 어떤 형태로 들어있는지를 정확히 파악하고 그에 맞는 모양으로 쓰는 것이 중요해요. 糸를 단독으로 쓸 때는 정사각형에 가깝게, 約-좌우로 나란히 붙은 한자에서는 날씬하게, 繫-위아래로 붙은 한자에서는 납작하게, 懸-이런 경우에는 아주 작게, 글자의 위치에 따라 모양과 크기가 제각각이죠? 이러한 변형을 자유자재로 할 수 있어야 전체적인 한자의 모양도 예쁘게 나온답니다.

### 3. 일정한 크기로 쓰기
일본어 문장을 쓰다가 유독 복잡한 한자를 만났을 때, 다른 글씨보다 두 배로 크기가 커지는 것을 경험해 본적이 있으시죠? 컴퓨터가 아닌 이상 칼같이 크기를 맞출 수는 없지만 어느 정도 일정한 크기를 유지해야만 전체적으로 깔끔하게 보이겠죠. 글씨 크기를 일정하게 맞출 수 있는 간단한 방법! 먼저 자신이 사용하는 펜으로 복잡한 한자를 써보고 그 글씨 크기에 맞춰 다른 글씨를 써 나가면 OK! 굵은 펜은 한자 쓰기가 불편하니 얇은 펜을 사용하는 것도 방법입니다.

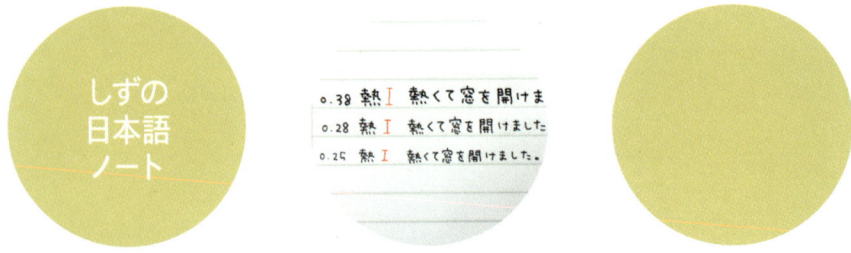

그래도 글씨 크기 맞추기가 어렵다면 자신이 원하는 크기로 원고지를 프린트하여 칸에 맞춰 쓰는 연습을 해보세요. 저도 자주 했던 방법이랍니다. 워크북 43쪽에 글씨 연습 페이지가 있으니 직접 쓰면서 연습해 보세요!

# 08
JAPANESE

## 귀를 쫑긋, 일본어 듣기 연습

# 08. 귀를 쫑긋, 일본어 듣기 연습

**일본어 듣기와의
한판 승부**

　　　　　일본어 학습자의 특징을 보면 대체로 두 종류로 나뉘는 것 같습니다. 평소에 일본 방송을 즐겨 봐서 듣기는 잘하지만 문법이나 쓰기 쪽이 약한 학습자. 그리고 책을 위주로 공부해서 독해와 쓰기는 잘 되지만 듣기가 약한 학습자. 저는 후자 쪽이었습니다. 일본 노래와 애니메이션을 좋아하긴 했지만, 방송으로 귀가 트였다는 사람들에 비한다면 그렇게 많이 보는 수준은 아니었던 것 같아요. 게다가 일본어 학원에서 문법을 공부하기 시작한 이후로는 문법의 재미에 빠졌고, 평소에도 사전을 찾으며 책을 읽거나 단어 빽빽이, 베껴 쓰기, 일기 쓰기, 편지 쓰기 등 주로 쓰거나 읽는 공부를 좋아했어요.

일본어 공부를 시작하고부터 2년 동안, 어차피 별다른 목적 없이 취미로 하는 공부였기에 학원에서 수업 듣는 시간 외에는 내가 하고 싶은 대로, 내 마음 내키는 대로만 공부를 했습니다. 읽고 쓰는 공부를 좋아했으니 당연히 눈과 손으로 공부하는 쪽을 즐겨 했던 것 같아요. 그러다가 문득 내 일본어 실력을 점검해 보고 싶다는 생각이 들었어요. 지금까지 이래저래 공부를 열심히 해 왔는데, 과연 어느 정도 수준인 걸까? 그래서 도전한 것이 일본어의 토익 시험이라고도 할 수 있는 JPT 시험이었습니다.

JPT는 토익과 마찬가지로 990점 만점인 시험인데 첫 시험에 720점이나 나왔으니 총 점수는 만족스러웠습니다. 하지만 자세히 보면 듣기와 독해의 점수 차이가 무려 90점!
'아, 역시 듣기 연습이 너무 부족했나보다…'

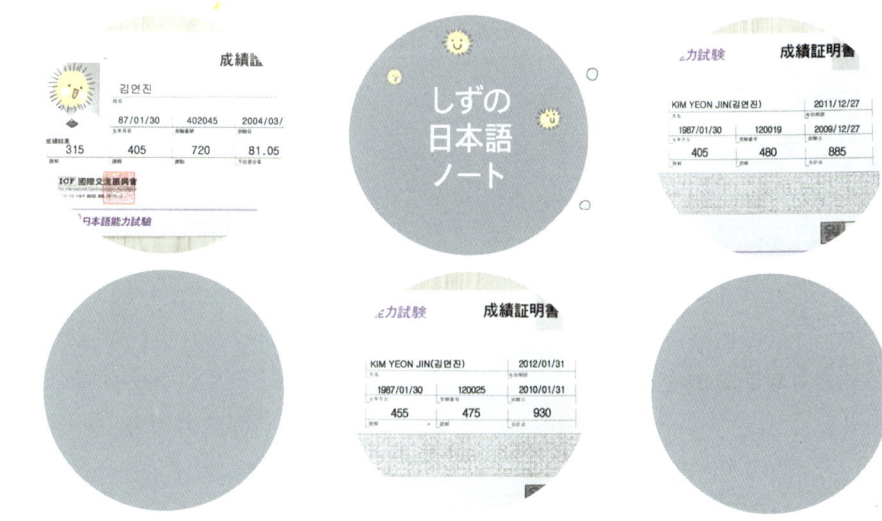

평소에 듣기 연습을 특별히 신경 써서 해 본적이 없었기에 듣기가 좀 부족하리란 것은 어렴풋이 느끼고 있었어요. 그런데 그 느낌이 객관적으로 확인된 순간이었습니다. 흔히 일본 방송을 많이 보면 듣기 실력이 향상된다고들 하죠. 그래서 듣기 실력을 향상시키기 위해 대학생 시절에는 애니메이션이며 드라마며 나름대로 일본 방송을 다양하게 챙겨 봤습니다.

그리고 대학교 졸업을 앞두고 취업 준비를 하던 때였습니다. 자격증 칸에 JPT 점수를 쓰기 위해 다시 시험에 도전했는데요. 전체적으로 점수가 많이 오르기는 했지만 듣기와 독해의 점수차는 75점. 여전히 큰 차이었어요. 그동안 일본 방송도 많이 듣고 일본으로 유학도 갔다 왔으니 이제는 좀 차이가 줄어들지 않았을까 기대를 했는데 아직도 독해에 비하면 듣기 공부가 많이 부족한 모양이었습니다. JPT 900점 이상이라는 목표를 달성하기 위해서는 필수적으로 듣기 점수를 향상시켜야 했어요.
단순히 일본 방송을 보는 것만으로는 듣기 점수를 잘 받을 수 없겠다는 걸 느끼고 JPT 청해를 집중적으로 공부할 수 있는 교재를 구입했어요. 이번에는 무작정 듣기만 하는 게 아니라 스크립트도 꼼꼼히 확인하고 안 들리는 부분이 있으면 들릴 때까지 반복해서 듣는 등 체계적으로 연습을 했습니다.

그 결과 드디어 듣기와 독해의 점수 차이를 20점으로 줄일 수 있었어요. 여전히 독해 점수가 높기는 했지만 지금까지의 점수 차를 생각한다면 충분히 만족스러운 결과였습니다. 일본 방송을 많이 보면 듣기를 잘할 수 있다는 것도 틀린 말은 아니지만, 아무래도 저처럼 '평범하게' 즐겨 보는 정도로는 듣기 시험에서 큰 효과를 기대하기 어려운 것 같습니다.

**많이 들으면**
**듣기를 잘 할 수 있을까요?**

듣기를 잘 하려면 많이 들어라! 이건 맞는 말입니다. 많이 듣는 만큼 귀가 열리니까요. 하지만 무조건 많이 듣는다고 되는 건 아닙니다.
흔히 '일본어 하나도 몰랐는데 방송을 많이 봐서 귀가 트였다' 하는 사람들은 애초에 공부를 목적으로 본 것이 아닐 거예요. 좋아하는 연예인이나 관심 있는 분야의 일본 방송을 순수하게 좋아하는 마음으로, 그야말로 셀 수도 없이 많이 봤을 것입니다. 그게 쌓이고 쌓이다 보니 언제부터인가 조금씩 귀가 트였을 것이고, 귀가 트이기까지는 결코 짧은 시간이 아니었을 거예요. 일본 방송을 '웬만큼' 많이 봐서는 결코 듣기 실력을 올릴 수 없기 때문에, 초급 수준의 학습자가 듣기 실력 향상을 목적으로 방송을 보며 공부하는 것은 그다지 효율적인 방법이라고는 볼 수 없습니다.

시험을 보기 위해, 혹은 일본인과 얘기를 하기 위해, 일본 방송을 보기 위해… 이처럼 필요에 의해 듣기 실력을 올려야 한다는 확실한 목표를 갖고 있는 학습자라면 효율적으로 듣기 연습을 하는 것이 중요해요. 무조건 많이 듣기만 할 게 아니라 '무엇'을 듣고 '어떻게' 공부해야 할지 고민해 보아야 합니다.

너무나도 뻔한 얘기지만, 자신이 모르는 내용은 아무리 귀로 들어도 들리지 않습니다. 반면 전혀 모르는 외국어가 줄줄 흘러 나와도, 그 중에 아는 단어가 하나라도 나오면 귀에 쏙쏙 들어옵니다. 자신이 아는 만큼만 들을 수 있다는 말이죠. 그러니 단어와 문법, 문형 등을 충분히 공부해서 내 귀가 들을 수 있는 범위를 늘려 놓는 것도 굉장히 중요합니다. 무작정 어려운 내용을 듣는 것 보다는 단어나 문법 공부를 통해 내 귀가 듣고 이해할 수 있는 범위를 충분히 확보한 후, 그 범위에 맞는 내용부터 차근차근 듣기 연습을 시작하는 것이 가장 효율적인 방법이라고 생각해요.

또한 듣기 실력을 제대로 향상시키기 위해 연습을 하는 것이라면 단순히 듣기만 해서 되는 게 아닙니다. 귀로 들은 후에는 내가 정확히 들은 게 맞는지 확인! 잘 알아 듣지 못한 부분도 확인! 틀리게 들은 부분도 확인!

귀로 들은 내용을 눈으로 확인하고, 틀린 부분을 찾고, 내용을 정확하게 이해한 후에 다시 여러 번 듣고 이해하는 과정을 거쳐야 해요. 그래서 초급 학습자가 효율적으로 듣기 연습을 하려면 반드시 들은 내용을 확인할 수 있는 '스크립트'가 필요하답니다. 스크립트가 없으면 내가 들은 내용을 확인할 방법이 없으니까요. 내 수준에 맞는 내용, 그리고 스크립트가 있는 내용으로 듣기 연습을 진행하는 것이 가장 좋습니다.

**듣기 연습,
어떤 교재로 할까요?**

듣기 연습을 할 때에는 꼭 청해 교재만 사용할 필요는 없어요. 음성과 함께 스크립트만 있다면 뭐든 훌륭한 듣기 교재가 될 수 있습니다. 단, 자신의 레벨과 목적에 맞는 교재가 가장 좋다는 사실! 또한 일본어 실력을 고르게 향상시키고 싶다면 다양한 교재로 듣기 연습을 하는 것이 좋습니다. 처음에는 입문서로 시작해서 일본어 능력시험 청해 교재도 풀어 보고, 회화 교재도 들어 보고, 동화책도 들어 보며 다양한 분야의 내용을 다양한 목소리로 들어 보도록 하세요.

나아가 '다양한 일본어 듣기'의 일환으로 애니메이션이나 드라마 등 일본 방송도 틈틈이 보세요. 초급 단계에서는 일본 방송의 내용을 굳이 알아듣기 위해 애쓸 필요는 없습니다. 이걸로 공부를 해야겠다는 부담감은 버리고 자막과 함께 재미삼아 가볍게 보는 거예요. 어차피 초급 학습자에게 일본 방송은 내용이 너무 어려워 알아듣기가 어렵습니다. 그런데도 보라고 말씀 드리는 이유는 '일반인의 일본어'를 귀에 익히기 위해서입니다.
일본에서 살지 않는 이상, 한국에서 일본어 교재로만 공부하다 보면 '성우'의 일본어 발음밖에 들을 기회가 없습니다. 교재를 통해 듣는 일본어는 초급자의 수준에 맞춰 천천히, 깔끔한 발음으로 읽어 주는 일본어라 비교적 쉽게 알아들을 수 있습니다. 그런데 이러한 '듣기 쉬운' 일본어만 듣다 보면 나중에 실전 일본어를 접했을 때 전혀 알아듣지 못해 당황할 수도 있어요. 한국인들이 모두 아나운서처럼 한국어를 발음하는 게 아니듯 일본어도 마찬가지입니다. 일반인이 말하는 일본어는 말이 빠를 수도 있고, 발음이 확실치 않을 수도 있고, 사람마다 미묘하게 말투가 다르기도 합니다. 이러한 실전 일본어 발음이 귀에 익숙해질 수 있도록 일본 방송을 보라는 것입니다.
방송에서 나오는 일본어는 당연히 초급 학습자에게는 어려운 내용이고, 당연히 알아듣

PAGE: 141

시즈의
일본어 노트
しずの日本語ノート

지 못하는 내용이 90% 이상일 거예요. 하나도 모르겠다고 절망하지 말고 자막과 함께 그냥 즐겁게 보고 듣기만 하면 됩니다. 그저 '아, 실제 일본어는 이런 발음이구나, 이 정도의 빠르기로 말하는구나, 책에서 들었던 거랑은 말투가 좀 다른데?' 하는 것들을 느끼며 실전 일본어 발음에 익숙해진다면 그것만으로 충분합니다.

단순히 일본어 시험만을 목적으로 공부하는 학습자라면 일본 방송 듣기를 크게 신경 쓰지 않아도 상관없지만, 실제로 일본인과의 의사소통이 목표인 학습자, 자막 없이 일본 방송을 보는 것이 목표인 학습자라면 부지런히 일본 방송을 보도록 하세요. 일본 방송을 보면서 미리미리 일반인의 일본어 발음을 귀에 익혀 둔다면 그만큼 거부감도 줄어들고, 훗날의 듣기 연습에도 도움이 됩니다.

### 입문서로 듣기 연습!

초급 단계를 공부할 때 한 권쯤은 꼭 사게 되는 입문서! 듣기 연습의 첫걸음은 입문서로 시작하는 것이 가장 무난합니다. 어차피 입문서를 통해 문법도 공부하고 표현 문형도 공부하고 단어도 외우잖아요? 눈으로 읽고 손으로 쓰면서 공부했다면, 귀로도 정확히 들을 수 있는지 꼭 확인하고 넘어가야 합니다. 입문서에 나오는 문장이며 단어들은 일본어의 가장 기초가 되는 내용이니 100% 알아 들을 수 있도록 연습하는 게 좋아요. 그래야만 조금씩 난이도를 높여 가며 듣기 연습을 해 나갈 수 있답니다. 입문서 내용이 담겨 있는 CD나 음성 파일을 수시로 들으며 일본어 발음을 귀에 적응시키도록 합니다.

### 초급 청해 교재로 듣기 연습!

입문서 내용이 너무 쉬워서 조금 더 난이도 있는 듣기 연습을 하고 싶다면 초급 레벨의 청해 교재를 사용해 보세요. 입문서로 공부하고 있는 단계라면 일본어 능력시험 N5~N4 수준의 청해 교재가 적당합니다. 특히 장래에 일본어 시험을 볼 계획이 있는 학습자라면

반드시 청해 교재로 연습하며 듣기 실력을 올리도록 합시다. 시험을 대비하는 데에는 해당 시험의 교재로 공부하는 것이 가장 효율적이에요. 참고로 JPT 청해 교재는 중급 레벨 이상의 학습자를 대상으로 하는 교재가 대부분이기 때문에 초급 단계에서는 많이 어려울 수 있어요.

### 초급 회화 교재로 듣기 연습!

회화에서 쓰이는 일본어로 듣기 연습을 하고 싶다면 초급 회화 교재로 공부합니다. 듣기 연습을 하려면 반드시 음성까지 제공해 주는 회화 교재로 골라야겠죠. 회화 교재는 일상에 밀접한 어휘가 등장하거나 축약된 문법, 회화식 표현 등을 다루는 경우도 있어서 입문서에 비해 약간 난이도가 높습니다. 기초 문법을 어느 정도 알고 있어야 회화식 표현을 이해하기 쉬우므로 평소에 문법 공부도 꼼꼼히 해 두는 것이 좋습니다.

회화 공부를 위해서 애니메이션이나 드라마를 교재로 사용하려는 학습자도 많이 볼 수 있는데요. 이는 기초 문법을 다 알고 있는 중급자 이상의 학습자에게 효과적인 공부이며, 초급 학습자라면 역시 기초 회화 교재가 가장 좋은 교재라고 말씀드리고 싶습니다. 공

부는 초급자용 교재로!! 애니메이션이나 드라마로 공부하는 건 좀 더 나중에, 기초 문법을 다 공부한 후에 시작해도 늦지 않으니 일단은 재미로만 보세요.

### 귀와 손이 함께 하는 듣기 연습, 받아쓰기

나의 수준과 목적에 맞는 교재를 선택했다면 이번에는 효율적인 방법으로 공부를 해 봐야겠죠. 듣기 연습이라 해서 귀로만 연습하는 게 아닙니다! 손도 부지런히 움직여야 한다는 걸 기억해 주세요.

준비물

일본어 음성 파일, 스크립트, 연습장

1) 음성을 들으며 일본어로 정확하게 받아 적습니다. 전체를 히라가나로만 써도 상관 없으며, 한자로 썼다면 후리가나도 함께 적도록 합니다. 손으로 쓰기가 귀찮다면 컴퓨터로 작성해도 OK! 한 문장씩 멈추며 받아 써도 좋고 계속 이어서 들으며 받아써도 좋으니 편한 방법으로 하시면 됩니다.

2) 음성을 다시 한 번 들으며, 이번에는 우리말 해석을 적어 봅니다.
   모르는 부분도 정확히 기록해 놓으세요.
3) 내가 쓴 일본어 스크립트와 책에 나온 스크립트를 비교하며 꼼꼼하게 확인합니다.
   장음, 탁음, 촉음 등 세세한 부분까지 살펴 보며 틀린 부분을 체크하세요.
4) 다음에는 해석 부분을 확인합니다. 내가 한 해석과 교재에 나온 해석이 맞는지
   살펴 보고 틀린 부분은 다시 한 번 꼼꼼히 해석해 봅니다.
   참고로 교재에서는 어느 정도 의역을 하는 경우도 있습니다. 완벽하게 똑같지
   않더라도 의미만 동일하다면 맞는 걸로 봐도 무방해요.
5) 모르는 단어나 표현이 있었다면 단어장에 정리합니다.
6) 체크를 마친 후 스크립트와 해석을 보며 다시 음성을 들어 보세요. 올바르게 고친
   내용대로 잘 들리는지 귀를 통해 확인합니다. 여러 번 반복해서 들으세요.
7) 스크립트 없이 귀로만 들어 봅니다. 내용을 완벽하게 알아 들었다면 공부 끝!

네온사인과 광고들로
가득한 오사카의 도톤보리와
오다이바에서 바라본
도쿄타워와 레인보우 브릿지

**OSAKA**
**ODAIBA**

### 재미로 하는
### 일본 방송 듣기

제가 청취력 향상을 위해 썼던 또 한가지 방법은 자투리 시간을 활용한 일본어 듣기입니다. 앞에서도 말했듯이, 듣기 실력을 향상시키려면 일본어를 많이 들어야 하지만 모르는 내용을 무작정 듣는 것보다는 하나라도 알고 듣는 것이 학습적인 효과가 있습니다. 그래서 '아는 내용을 반복적으로 많이 들으면 좋겠다!' 하는 생각으로 시작했던 것이 애니메이션과 일본 드라마 듣기였습니다.

먼저 영상을 자막과 함께 보면서 어떤 내용인지 정확하게 파악합니다. 그리곤 그 영상에서 음원만 추출하여 MP3로 만들고, 그 음성 파일을 반복적으로 듣는 거예요. 주로 등하교 길이나 집에서 컴퓨터 하는 시간 등 자투리 시간에 많이 들었습니다.

PAGE: 147

시즈의
일본어 노트
しずの日本語ノート

일본어를 알아듣지는 못해도 이미 한 번 자막과 함께 영상으로 봤기 때문에 '여기에서 이런 대사였지… 여기는 이런 상황이었지…' 하고 그 내용을 다시 한 번 떠올리며 들을 수 있었어요. 그리고 신기하게도 열 번 스무 번 반복해서 듣다 보니 어느 순간부터 하나둘 귀에 들어오는 대사가 늘어났습니다.

그 사이에 새롭게 공부한 내용이 있었을 수도 있고, 반복 학습의 효과이기도 했겠지요. 분명 처음 영상을 보던 시점에서는 들리는 게 많지 않았는데 반복 듣기를 통해 조금씩 청취력이 향상되는 것을 몸소 느낄 수 있었습니다.

그뿐만 아니라 동일한 내용을 수십 번 듣는 과정에서 저절로 일본어 대사나 표현들이 외워졌습니다. 그래서 나중에 다른 곳에서 동일한 대사를 들으면 '아! 이거 그 드라마에서 들었던 대사다!' 하고 바로 알 수 있었어요. 이런 식으로 조금씩 조금씩, 수많은 반복을 통해 일본어 듣기를 향상시켜 왔어요.

애니메이션이나 드라마 등 일본 방송을 즐겨 보는 분들이라면 영상을 한 번 보는 것만으로 끝내지 말고, 반복 듣기에도 도전해 보세요. 하루 아침에 눈에 띄는 효과가 있는 것은 아니지만, 차곡차곡 연습이 쌓이고 쌓여 나중에는 분명히 청취력 향상에 효과가 있다는 것을 느낄 수 있을 거예요. 게다가 딱딱한 내용이 아니라 내가 재미있게 본 내용을 다시 듣는 것이기 때문에 즐겁게 듣는 연습을 할 수도 있습니다.

초급 학습자에게는 공부중인 기초 교재의 음성을 듣는 것이 가장 좋지만, 매일 단조롭고 재미없는 교과서 일본어만 듣다 보면 싫증이 나잖아요? 일본어에 흥미를 잃지 않기 위해 가끔은 재미있게 본 애니나 드라마의 음성도 들어 보세요.

**회화에서 쓰는
표현을 익히자**

앞서 기초 활용문법과 표현문형 공부가 중요하다는 이야기를 했었죠. 그렇지만 사실상 책에 나온 문법과 문형 지식만 갖고는 실제 일본인들의 대화를 알아듣기가 쉽지 않습니다. 글에서 쓰는 언어와 말로 하는 언어에 약간의 차이가 있기 때문이에요.
여러분이 평소에 말하는 한국어를 모두 글로 옮겨본다면 어떨까요? 국어책에 나오는 문장들이랑 비슷할까요? 전혀 아니겠죠. 일단 출신 지역에 따라 사투리가 섞이기도 하고, '제 것인데요'를 '제껀데요' 라는 식으로 줄여 말하는 경우도 비일비재하죠. 일본어도 마찬가지랍니다. 실제 일본인들의 대화를 들어보면 책에서 배운 표현과는 조금 다르게 발음하는 것을 쉽게 들을 수 있어요. 이러한 회화식 표현에도 어느 정도의 규칙성이 있는데요. 가장 많이 사용되는 회화 표현에 대해 알려드리겠습니다. 참고로 문법적인 내용이 들어가기 때문에 아직 기초 문법 공부를 하지 않으셨다면 이해하기 어려울 수도 있어요. 잘 모르겠다면 먼저 입문서로 기초 문법을 충분히 공부한 후에 다시 읽어보세요!

### い가 생략되는 말

동사의 て형을 공부할 때 ている(~하고 있다) 라는 진행/상태 표현이 나오는데요. 회화에서는 い를 빼고 てる로 발음하는 경우가 훨씬 많습니다.

なにしている？ → なにしてる？ 뭐 하고 있어?
しっている → しってる 알고 있어
あいしている → あいしてる 사랑해요

마찬가지로 동사의 て형과 함께 쓰는 ていく(~해 가다) 표현도 가운데에 있는 い가 자주 생략돼요.

교토의 산넨자카 거리
**KYOTO**

買って<u>いく</u> → 買って<u>く</u>  사 가다
持って<u>いく</u> → 持って<u>く</u>  가져가다
おいて<u>いく</u> → おいて<u>く</u>  놓고 가다

### ん으로 바뀌는 글자

발음상의 편의를 위해 ん으로 발음이 변하는 것도 자주 들을 수 있습니다. 규칙을 잘 익혀 두었다가 애니나 드라마를 볼 때 귀 기울여 들어보세요

동사 부정형의 ら → ん          わか<u>ら</u>ない → わか<u>ん</u>ない 몰라
동사 부정형의 ない → ん        わから<u>ない</u> → わから<u>ん</u> 몰라
동사 보통체의 る → ん          知って<u>る</u>の？ → 知って<u>ん</u>の？ 알아?
동사 가능형의 れ → ん          信じ<u>ら</u>れない → 信じら<u>ん</u>ない 믿을 수 없어
조사의 の → ん                車<u>の</u>中 → 車<u>ん</u>中 차 안

### 글자랑 발음을 다르게 하는 말

일본 노래를 즐겨 듣는 분이라면 いう(말하다)와 いく(가다)라는 단어의 い를 ゆ로 발음하여 ゆう ゆく라고 하는 것을 들어본 적 있으실 거예요. 소리 내어 읽어보면 아시겠지만 いう보다는 ゆう가 발음하기 편하죠? ゆう와 ゆく도 사전상에 실려 있는 단어이긴 하지만 글씨로는 いう いく라고 적어 놓고 실제 발음은 ゆう ゆく라고 하는 경우가 흔히 있으니 참고로 알아두세요!

또한 させて(~하게 해줘) 見せて(보여줘)와 같은 표현의 ~せて를 ~して 라고 발음하는 경우도 있습니다. 이 또한 발음상의 편의를 위한 변형입니다.

### 여러가지 회화식 표현

그밖에 기초 표현문형 중 회화에서 발음이 변하거나 축약되는 표현들이 많이 있습니다. 평소에 방송으로 듣기 위주의 공부를 하셨던 분들이라면 오히려 회화식 표현이 더 익숙할 거예요. 책으로 공부하셨던 분들은 책에 나온 표현이 회화에서 어떻게 변하는지 살펴보시고, 듣기로만 공부하셨던 분들은 이게 어디에서 변형된 표현인지 이번 기회에 제대로 익혀보세요.

ておく → とく (~해 두다)
言っておく → 言っとく 말해 두다

でおく → どく (~해 두다)
読んでおく → 読んどく 읽어 두다

ては → ちゃ (~하면)
見てはいけない → 見ちゃいけない 보면 안 된다

では → じゃ (~하면)
飲んではいけない → 飲んじゃいけない 마시면 안 된다

ても → たって (~해도)
言ってもむだだ → 言ったってむだだ 말해도 소용 없다

てしまう → ちゃう (~해 버리다)
食べてしまう → 食べちゃう 먹어 버리다

なければ → なきゃ(~하지 않으면)
行かなければいけない → 行かなきゃいけない
가지 않으면 안 된다 (=가야 한다)

なくては → なくちゃ(~하지 않으면)
行かなくてはいけない → 行かなくちゃいけない
가지 않으면 안 된다 (=가야 한다)

れば → りゃ(가정형)
食べれば → 食べりゃ 먹으면 / 寒ければ → 寒けりゃ 추우면

と → って(~라고)
「すずき」という人 → 「すずき」っていう人 '스즈키'라고 하는 사람

**남자 말투**
일본어에는 남자들이 쓰는 특유의 발음이 있습니다. 약간 거친 느낌이기 때문에 보통은 친구끼리나 편한 사이에서만 사용해요. 학습자 분들이 직접 회화에서 말할 필요는 없지만 듣기를 할 때 필요할 수 있으니 '이런 발음도 있구나' 하는 정도로 알아두세요!

あ단+い → え단+장음
行きたい → 行きてー 가고 싶다
こわい → こえー 무섭다
うるさい → うるせー 시끄럽다

お단+い → え단+장음
す<u>ご</u>い → す<u>げー</u> 대단하다
お<u>そ</u>い → お<u>せー</u> 늦다

という → っつう (~라는)
「すずき」<u>という</u>人 → 「すずき」<u>っつう</u>人 '스즈키'라는 사람

てしまう/でしまう → ちまう/じまう (~해 버리다)
行っ<u>てしまう</u> → 行っ<u>ちまう</u> 가 버리다
飲ん<u>でしまう</u> → 飲ん<u>じまう</u> 마셔 버리다

여러가지 회화식 표현에 대해 알아보았는데 어떠셨나요? 이 표현들은 실제로 제가 만화책을 읽거나 일본 방송을 보면서 자주 접했던 표현을 정리한 것이니 이 내용만 알고 있어도 방송 듣기에 제법 참고가 될 거예요. 다만 이 예문들은 모두 '현재' 표현이니 과거형이나 부정형 등으로 응용된 표현까지 정확히 이해하려면 활용문법도 꼭 알고 있어야 합니다.
교재에 나오는 문법들을 어느 정도 숙지하고, 이 회화 표현들을 살펴 보았다면 다음에는 실제로 방송을 통해 일본인들의 대화를 들으며 자연스럽게 익혀나가는 것이 좋아요. '회화'라는 것은 단순히 글씨를 읽는 것이 아니기 때문에 어떤 상황에서 쓰이는지, 말하는 사람이 남자인지 여자인지, 혹은 연령대가 어느 정도인지에 따라 억양이나 발음이 미묘하게 달라질 수 있으니까요.
글로 학습할 수 있는 이론적인 것을 어느 정도 숙지한 후에 실제 귀로 듣는 연습을 반복한다면 듣기 실력도 더욱 탄탄하게 쌓아갈 수 있을 거예요.

# 09
JAPANESE

卒業

일본어 회화를 위한 준비운동, 소리 내어 읽기

# 09. 일본어 회화를 위한 준비운동, 소리 내어 읽기

**어떻게 하면
회화를 잘 할 수 있을까요?**

제가 처음으로 일본인 친구와 대화를 나눴던 것은 고등학교 2학년 여름방학 때였는데요. 이때의 제 일본어 수준은 학원에서 기초 문법을 다 마친 상태로, 지금으로 따지자면 능력시험 N3 정도의 레벨이지 않았을까 싶습니다. 그리 높은 수준의 일본어 실력은 아니었지만 큰 어려움 없이 기본적인 의사 소통은 되었던 것으로 기억해요.

실제로 능력시험 N3정도의 수준이라면 상세한 대화까지는 어렵더라도 의사를 전달하거나 필요한 것을 얘기하는 등 기본적인 일상 회화 정도는 충분히 가능한 레벨입니다. 하지만 N3 합격증을 갖고 있어도 정작 일본인과 대화를 하지 못하는 학습자가 많아요. 왜일까요?

'회화'라는 것은 어느 한 가지만 열심히 해서 되는 게 아니기 때문입니다. 회화를 잘하기 위해서는 여러 가지 복합적인 요소들이 필요한데요. 앞에서 설명했던 공부법들이 모두 필요하다 해도 과언이 아닙니다.

우선 기본적으로 어휘력이 받쳐 줘야 적절한 어휘를 사용하여 말할 수 있으니 단어를 많이 외워야 합니다. 단어만 갖고는 제대로 된 대화를 할 수 없으니까 일본어로 올바른 문장을 만들 줄도 알아야 해요. 그러기 위해서는 문법 공부와 작문 연습이 필요하겠죠? 일본어로 올바른 문장을 만들었다면 이번에는 그 문장을 올바른 발음으로 읽어야 상대방과 대화할 수 있습니다. 그래서 소리 내어 읽는 연습도 필요한 것이고요. 게다가 회화는

나 혼자 하는 게 아니라 상대방의 말을 들을 줄도 알아야 하죠. 그렇기 때문에 상대방의 말을 알아들을 수 있을 정도의 듣기 실력도 필요합니다. 덤으로 틀리는 것을 두려워하지 않고 막 던지는 자신감까지 있으면 금상첨화! 한마디로 모든 영역을 골고루 공부하고 잘 이해해야 회화도 잘 할 수 있다는 말입니다.

제가 회화를 따로 배우지 않고 문법 위주의 수업만 들었음에도 회화에 큰 지장이 없었던 것은 기초 단계부터 다양한 방법으로 골고루 공부하며 회화에 필요한 요소들을 갖춰 왔기 때문이 아니었을까 싶어요. 학원 수업에서는 기본적으로 기초 문법을 공부하면서 교재를 중심으로 한 간단한 듣기 연습과 스크립트 읽기 연습, 그리고 공부한 문법을 사용하여 질문에 대답하는 정도의 간단한 말하기 연습을 했습니다. 집에서는 단어 빽빽이와 동사 활용 연습을 하며 어휘력을 늘리고, 학원에서 내주는 작문 숙제 외에 일기 쓰기와 편지 쓰기를 통해 작문 연습도 충분히 했어요. 게다가 일본 노래를 많이 듣고 애니메이션도 즐겨 봤기 때문에 간접적으로 듣기 연습도 되었던 것 같습니다. 이렇게 다양한 방법으로 골고루 공부를 했기 때문에 기초적인 일본어 실력이 차곡차곡 쌓였고 나아가 회화도 자연스럽게 가능했던 것이 아닐까 생각해요.

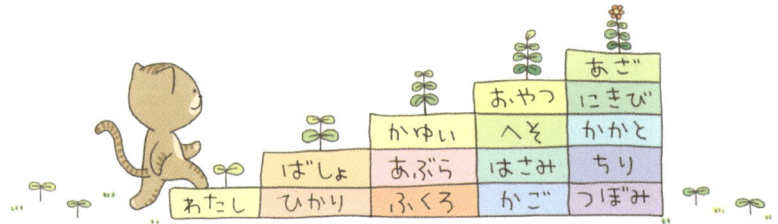

한창 기초 문법을 배우는 초급 단계에서는 사실 원활한 의사 소통은 어렵습니다. 아직 어휘력도 턱없이 부족하고 기본적인 문법도 다 배우지 않은 수준이니까 당연한 얘기예

🐾. 하지만 나중에 회화를 잘 하기 위해서는 초급 단계에서부터 회화에 필요한 요소들을 차근차근 갖춰 나가야 한답니다.

보통 단어를 외우거나 문법 공부를 하고, 작문 문제를 풀고, CD를 듣는 등의 공부는 누구나 성실히 하는 편인데요. 다른 공부에 밀려 소홀하기 쉬운 것이 바로 '소리 내어 읽는 연습'입니다. 특히 독학 학습자의 경우에는 말을 시켜주는 사람이 없으니 제대로 연습하지 않고 넘어가는 학습자가 많은 것 같아요. 평소에 소리 내어 읽는 연습을 전혀 하지 않고 오로지 손으로 쓰는 공부와 듣는 연습만 하다 보면, 나중에 충분한 어휘력과 표현력이 갖추어졌다 하더라도 막상 말을 하려면 입이 떨어지지 않는 일이 생길 수도 있거든요. 읽기 연습이 과연 회화 실력 향상에 도움이 될지 의문을 갖는 분들도 계실 것 같은데요. 소리 내어 읽는 것은 직접적인 회화 연습은 아니지만 회화 연습의 준비운동이라고 할 수 있습니다. 회화를 하기 위해서는 머릿속으로 바로 바로 문장을 만들고 그 문장을 곧바로 입 밖으로 내뱉어야 합니다. 하지만 동사 활용도 제대로 못하는 초급 학습자가 문장을 술술 만들기에는 아직 내공이 많이 부족하죠. 그렇기 때문에 초급 단계에서는 글로 쓰여 있는 문장을 보고 소리 내어 읽는 연습을 해야 하는 것입니다. 손으로 쓰면서 하는 공부와 함께 읽는 연습도 꾸준히 하다 보면 기초 문법을 마칠 무렵에는 일본인과 간단한 대화 정도는 나눌 수 있을 거예요.

📍 교토의 본토초 골목
KYOTO

## 일본어 발음에도
## 관심을 갖자

회화 이야기를 한 김에 이번에는 발음에 대한 이야기를 살짝 해볼까 합니다. 일본어는 한국인이 발음하기 참 쉬운 외국어죠. 일단 일본어의 발음 수 자체가 많지 않고,

しずの日本語ノート

일본어에 있는 발음은 대부분 한국어에도 있는 발음이기 때문인데요. 그래서 많은 일본어 학습자들이 일본어 발음을 크게 신경 쓰지 않고 한국어 식으로 발음하며 공부하는 것 같습니다.

저 또한 초반에는 일본어 발음이란 것을 특별히 신경 써 본적이 없는 것 같아요. 처음에 일본 노래 가사의 발음을 한글로 옮겨 쓰는 연습을 많이 했고, 그 한글을 그대로 읽으며 가사를 외웠기 때문에 거의 한국어 발음으로 일본어를 읽었으리라 생각됩니다. 그런데도 학원의 일본인 선생님께서 딱히 발음에 대한 지적을 하지 않으셔서 그냥 잘 하고 있나 보다 하고 생각했어요. 아마도 학원 선생님들은 이미 한국인들의 서툰 일본어 발음에 익숙하기 때문에 특별히 거슬리거나 완전히 틀린 발음이 아니라면 일일이 지적을 하지 않는 것이겠죠.

한국어 식으로 일본어를 읽는 것에 아무런 거리낌이 없었던 제가 '더 이상 이렇게 읽으면 안 되겠구나' 하고 깨닫게 된 계기가 있었습니다. 고등학교 2학년 여름방학 때 일본으로 홈스테이를 가게 되어 4박 5일동안 일본인 친구와 지내며 일본어로 많은 얘기를 나눌 기회가 있었는데요. 당연히 그동안 하던 대로, 한국어 식 발음으로 일본어를 구사하며 간단한 대화를 했습니다. 그러다가 문득 일본어 발음에 대한 얘기가 나왔어요. 일본어 발음 중에 어려운 게 뭐냐고 묻길래 한국인들이 어려워하는 대표적인 발음인 ち와 つ를 얘기했지요. 그런데 친구가 의외의 발음을 지적했습니다.

「だ」の発音も難しいよね？
(だ발음도 어렵지 않아?)
「다」は難しくないよ。
('다'는 안 어려워~)

でも「だいじょうぶ」を「たいじょうぶ」って発音してるよ！
(근데 'だいじょうぶ'를 'たいじょうぶ'라고 발음하는데?)
あれ？「タ」じゃなくて「ダ」って言ってるけど。
(음? '타'아니고 '다'라고 말했는데…?)

이 때의 저는 왜 일본인이 '다'를 'た'로 알아 듣는지 이해하지 못했습니다. 단순히 일본어 だ의 발음을 '다'라고만 생각했거든요. 당연히 맞게 발음하고 있는 줄 알았는데 일본인 귀에는 다르게 들리고 있었다니, 조금 충격이었습니다. 그래서 그날 이후로 '정확한 일본어 발음'에 관심을 갖게 되었어요. 교재 CD를 들을 때는 물론 일본 노래를 들을 때에도 한껏 귀를 기울여 발음을 유심히 듣고, 최대한 비슷하게 따라 할 수 있도록 연습했습니다. 그렇게 연습했던 것이 효과가 있었는지, 대학생 때 일본 유학을 갔을 때에는 일본인 친구들에게 '한국인 특유의 발음이 없어서 일본인 같다'는 칭찬도 받았답니다.

일본어의 발음이 한국어와 비슷한 건 사실입니다. 그렇기 때문에 학습자들은 일본어 발음이 쉽다고 생각하고 오히려 발음에 신경을 잘 쓰지 않게 되는 것 같아요. 하지만 한국어와 일본어의 발음 사이에는 엄연히 다른 부분이 존재하고, 한국어 식으로 일본어를 읽어서는 좋은 발음을 가질 수 없습니다.

일본어 공부를 이제 막 시작해서 외울 것이 산더미 같은 초급 학습자에게 발음까지 신경 쓰라는 것은 어쩌면 욕심일지도 모르겠어요. 하지만 잘못된 발음이 아예 입에 베어 버리면 그 때는 고치기 힘들어질 수도 있습니다. 말을 아무리 잘 해도 정작 발음이 좋지 않다면 정말로 일본어를 '잘한다'는 인상을 주기 어렵겠죠.
이런 말을 하는 저도 일본어 발음에 자신이 있는 것은 아닙니다. 일본인 뺨치는 발음까지는 못하더라도 최소한 '한국어 식'으로 발음하지 않기 위해 많은 노력을 기울이고 있어요. 여러분도 지금 당장은 발음에 신경 쓸 여유가 없더라도, '한국어 식으로 읽지 말자'는 것을 늘 염두에 두시길 바랍니다.

📖 일본어 토막 상식

## 의외의 복병! 탁음 정확히 발음하기

か=카 / が=가 / た=타 / だ=다 이런 식으로 발음하고 있지는 않으신가요?
'다'자의 발음에 유의하며 아래 단어를 자연스럽게 읽어 보세요

1. 다리, 다람쥐, 다과
2. 한다, 간다, 본다

우리 귀에는 다 똑같은 '다'로 들리지만 일본인의 귀에는 조금 다르게 들린대요. 1번 단어에 있는 '다'는 た, 2번 단어에 있는 '다'는 だ로 들린다나요? 다시 한 번 발음에 유의하며 잘 읽어보세요. 1번보다 2번의 '다' 발음이 더 약하고 부드러운 느낌이 난다는 것을 살~짝 느낄 수 있을 거예요.
한국인인 우리는 모두 '다'라고 쓰기 때문에 발음의 차이를 인지하지 못하지만 사실 단어 제일 앞에 있을 때의 '다'와 ㄴ 받침 뒤에 오는 '다'는 미묘하게 발음이 다르답니다. 그렇기 때문에 한국어의 '다'는 경우에 따라 た가 되기도 하고 だ가 되기도 해요. 마찬가지로 '가'에는 か / が 두 가지 발음이 있으며, '바'도 역시 ぱ / ば 두 가지 소리가 나요. 탁음을 단순히 한글 발음에 빗대어 읽으면 안되겠죠?
탁음을 좀 더 정확하게 발음하기 위해서는 앞에 마법의 글자를 하나씩 붙여주면 한결 비슷해집니다!

が=(응)가    ぎ=(응)기    ぐ=(응)구    げ=(응)게    ご=(응)고
だ=(은)다    で=(은)데    ど=(은)도    ば=(음)바    び=(음)비    ぶ=(음)부    べ=(음)베    ぼ=(음)보

괄호 안에 있는 글자를 살짝~ 짧게 발음하고 뒤에 있는 글자를 읽어보세요! 그냥 단독으로 '가/기/구…' 하고 읽을 때와는 조금 다르지 않나요? 처음에는 앞에 글자를 붙여야만 정확히 발음할 수 있겠지만 연습하면서 익숙해지면 자연스럽게 발음이 가능해질 거예요.

회화 연습의 첫 단계,
큰 소리로 읽어 보자

( 준비물 )

스크립트와 음성 파일, 녹음기

읽기 연습은 완벽하게 내용을 이해한 스크립트로 연습하는 것이 좋습니다. 새로운 내용보다는 과거에 공부했던 부분이나 지금 공부 중인 내용으로 연습하세요. 새로운 내용으로 연습하고 싶다면 읽기 연습을 하기 전에 모르는 단어나 문법을 미리 공부한 후에 도전해 보세요.

  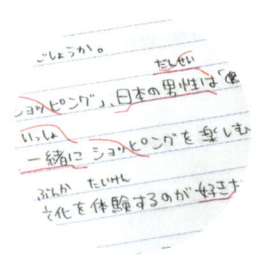

1) 음성을 듣기 전에 현재의 내 실력대로 일본어 문장을 읽으며 녹음합니다. 처음이라 많이 더듬거리고 어색할 거예요.
2) 원어민 음성을 한 번 들어 봅니다. 내가 읽었던 것과 어떻게 다른지 유심히 들어 보고 필요에 따라 발음이나 억양에 대한 메모도 해 놓습니다.
3) 원어민 음성을 한 문장씩 끊어 들으며 따라 읽으세요. 최대한 일본인의 발음과

しずの
日本語
ノート

유네스코 지정 세계문화유산인
일본 기후현의 시라카와고

GIFU CHUBU

비슷하게 읽을 수 있도록 합니다. 원어민 음성과 비슷한 속도로 읽을 수 있을 때까지 반복 연습하세요.

4) 다음에는 셰도잉 방식으로 연습합니다. 음성을 멈추지 않고 들으면서 약 0.5초 정도 늦게 따라 읽는 것입니다. 처음에는 음성과 속도를 맞춰 읽는데 집중하고 어느 정도 속도가 붙었다면 억양이나 발음에도 신경 써 보도록 합니다.

5) 셰도잉 연습을 충분히 했다면 이번에는 음성과 입을 맞춰 합창하듯이 읽어 봅니다. 이렇게 읽다 보면 음성과 다른 억양으로 읽는 부분이 귀에 확 들어옵니다.
그런 부분을 체크하며 최대한 음성과 동일하게 읽을 수 있도록 연습하세요.

6) 마지막으로 음성 없이 혼자서 스크립트를 읽어 봅니다. 지금까지 연습한 것을 되새기며 최대한 원어민과 비슷하게 읽고 녹음해 보세요. 1)번에서 녹음한 것과 비교해 보면 연습을 통해 어떻게 나아졌는지 확실히 알 수 있습니다.

7) 발음과 억양 연습을 마쳤다면 일본어 스크립트를 덮고 우리말 해석만 보면서 일본어로 말해 보세요.

각 단계별로 연습하는 횟수는 따로 정해지지 않았습니다. 본인이 자연스럽게 읽을 수 있을 때까지 계속해서 반복하여 연습하면 됩니다. 사실 발음이나 억양 연습, 회화 연습 등 말로 하는 연습은 실제 일본인과 마주보고 얘기를 하면서 익혀 나가는 것이 가장 좋다고 할 수 있습니다. 하지만 대부분의 학습자들은 한국에서 책을 보며 공부해야 하기 때문에 일본인과 얘기할 기회가 거의 없죠. 일본인과 얘기를 할 기회가 없는 환경에서 말하기 연습을 하려면 원어민 음성 파일을 선생님 삼아 스스로 주의 깊게 들으며 연습하는 방법이 최선이에요. 초급 단계에서는 우선 입문서나 초급 회화 교재를 중심으로 연습하는 것이 제일 좋고요. 기초 문법을 마칠 무렵에는 너무 어렵지 않은 애니메이션이나 드라마 스크립트로 읽기 연습을 해 보세요. 이렇게만 꾸준히 연습해도 기본적인 회화 정도는 가능하게 된답니다.

PAGE: 165

시즈의
일본어 노트
しずの日本語ノート

고급 브랜드 샵이 즐비한
도쿄의 긴자 거리

TOKYO

# 일본어 능력시험으로 초급 단계 졸업하기

# 10. 일본어 능력시험으로 초급 단계 졸업하기

**일본어 능력시험 공부로
실력 쑥쑥**

외국어 공부를 하고 있다면 과연 내 실력이 얼마나 되는지, 그동안 했던 공부가 얼마나 성과가 있었는지 객관적으로 확인해 보고 싶죠. 그래서 일본어 학습자들이 도전하는 시험이 JLPT, 즉 '일본어 능력시험'입니다. 일본어 능력시험은 가장 쉬운 N5부터 최고 등급인 N1까지 총 다섯 단계로 나뉘어 있으며 자신에게 맞는 레벨을 선택하여 응시하는 시험인데요. 어휘력부터 표현력, 문법, 독해, 듣기까지 모든 영역을 골고루 테스트합니다. 한창 기초 문법을 공부하고 있는 초급 학습자라면 N5~N4에 도전할 수 있고 기초 문법을 모두 마친 후에는 N3에 도전해 볼 수 있습니다.

제가 처음으로 일본어 능력시험에 관심을 가졌던 것은 기초 문법을 다 배웠을 무렵이었어요. 애초에 다른 목적이 있어서 일본어를 공부했던 게 아니라 그저 취미로 배웠던 것이기 때문에 특별히 '일본어를 잘해야겠다!' 하는 목표가 없었습니다. 일본어를 잘하기 위해서가 아니라 그냥 일본어를 배우는 게 재미있어서 학원에 다녔던 것이거든요. 초급 단계에서는 그때그때 공부한 내용을 완벽히 소화하는 것이 저의 목표라면 목표였을 것입니다. 그런데 기초 문법을 다 공부하고 나니 다음에는 무엇을 목표로 해야 할지 잘 모르겠더라구요. 그때 제 눈에 들어왔던 것이 일본어 능력시험이었습니다. 지금 같았으면 기초 문법을 마친 시점에서 N3에 도전했겠지만, 그때는 시험이 5단계로 개정되기 이전이라서 현재의 N3에 해당하는 레벨이 없었습니다. 그래서 어쩔 수 없이 2급에 도전해야만 했어요. 첫 시험이라 시험에 대해 아는 정보도 전혀 없었고, 시험까지 고작 3개월 남은 시점이었기 때문에 다니던 학원에서 2급 대비 3개월 반에 등록했습니다.

기초 단계의 공부가 활용 연습과의 전쟁이었다면, 능력시험 공부는 암기와의 전쟁이었습니다. 어마어마한 단어의 양, 그리고 활용과는 또 다른 문법 공식들. 학원에서 수업을 듣는다고 해도 그 많은 내용들을 외워야 하는 것은 결국 제 몫이었어요. 다만 학원의 좋은 점이라면 수시로 단어 시험과 문법 시험을 본다는 것이었습니다. 최종적인 2급 합격 보다도 매시간 보는 쪽지 시험에 욕심이 많았던 저는 늘 쪽지 시험 만점을 목표로 공부했어요. 매일 선생님이 정해준 범위 내의 단어와 문법을 수도 없이 읽고, 하루에 몇 장씩 빽빽이를 하며 그냥 무조건 열심히 외웠습니다.

열심히 했던 만큼 쪽지 시험에서도 좋은 점수를 받을 수 있었고, '쪽지 시험 만점' 이라는 작은 목표를 두고 차근차근 공부해 나간 끝에 '2급 합격'이라는 최종 목표도 함께 달성할 수 있었습니다. 그것도 400점 만점에 358점이라는 그럭저럭 괜찮은 점수로 말이죠.

그런데 저에게 정말로 의미가 있었던 건 2급 합격증이 아니었습니다. 어디에 합격증을 제출할 것도 아니었고 그냥 실력 확인을 위해 봤던 시험이라 사실 합격증은 쓸모가 없었어요. 하지만 2급 공부를 마친 후에 확실히 느낄 수 있었습니다. 내 일본어 실력이 쑥 올랐다는 것을! 2급 정도의 어휘력과 표현력을 갖추고 나니 일본어 원서를 읽어도 애니메이션을 봐도 눈에 보이고 귀에 들리는 일본어가 예전에 비해 확실히 늘어 있었어요. 그렇게 아는 어휘가 늘어나니 일본어가 더욱 재미있어졌고 계속해서 열심히 공부할 수 있는 원동력이 되었던 것 같습니다.

**일본어 능력시험 공부,
왜 필요한가요?**

초급 단계에서는 입문서로 공부해야 한다고 앞에서부터 말씀드렸는데요. 사실 어떤 책이든 입문서 한 권만으로 기초를 완벽하게 마스터할 수는 없습니다. 기초 단계에서 꼭 필요한 필수적인 내용들을 공부할 수는 있지만 부가적인 내용들까지 챙기기에는 많이 부족해요.

서점에 가보면 일본어 입문서들이 굉장히 많이 나와 있습니다. 그런데 입문서라고 해서 다 같은 내용을 다루고 있는 게 아니에요. 명사 활용법, 형용사 활용법, 동사 활용법이라는 큼직한 줄기는 동일하지만 주변으로 뻗어 있는 가지들은 조금씩 다르답니다. 구체적으로 얘기하자면, 일본어 문법의 뼈대라고도 할 수 있는 명사와 형용사의 활용, 그리고 동사의 ます형, て형, 과거형 정도는 모든 입문서에서 가장 앞부분에 공통적으로 다룹니다. 하지만 그 이후로 공부하는 문법 내용들은 책마다 조금씩 달라요. 동사 활용의 마지막 단계에서 공부하는 사역형이나 수동형을 아예 다루지 않는 책도 있고, 어떤 책은 명령형이나 금지형 등을 다루지 않기도 해요. 표현 문형 또한 아주 기본적인 것들은 공통적으로 실려 있지만 그렇지 않은 문형은 책마다 있는 게 있고 없는 게 있고 저마다 다르답니다. 기초 단계에서 꼭 알아야 하는 활용 문법과 표현 문형이 100개라면 입문서에서는 이 중 70~80개 정도밖에 다루지 않는다고 생각하면 될 것 같아요. 그러니 입문서 한 권만 공부해서는 20~30개의 빈 틈이 생길 수밖에 없는 게 현실. 하지만 빈 틈을 채우자고 입문서를 여러 권 공부할 수도 없는 노릇이죠. 그래서 필요한 것이 일본어 능력시험

공부입니다. 일본어 능력시험에는 여러 입문서에 나온 내용들이 모두 종합되어 있기 때문에 입문서를 공부하면서 생긴 빈 틈을 꼼꼼하게 매울 수 있답니다.

그러면 처음부터 입문서 말고 일본어 능력시험 책으로 공부하면 안 될까요?
간혹 히라가나를 공부한 후에 입문서 공부 없이 곧바로 일본어 능력시험 공부를 하려는 학습자들도 계신데요. 일본어 능력시험 교재는 말 그대로 시험을 대비하는 교재입니다. 이미 기초적인 것을 한 번 이상 공부했다는 전제 하에 복습하는 의미로 공부하는 책이기 때문에 처음부터 시험 교재로 기초를 공부하는 것은 권해드리고 싶지 않아요. 우선은 입문서로 충분히 공부를 해야 하고, 능력시험 공부는 어디까지나 복습하고 보충하는 목적이라는 것을 잊지 않으셔야 합니다.

일본어 능력시험 공부를 추천하는 두 번째 이유는 '실용성'입니다. 일본어 능력시험 중에서도 특히 N5~N2에서 다루는 어휘나 문법들은 단순히 시험만을 위한 것이 아니라 정말로 일상에 꼭 필요한 실용적인 내용들로 구성되어 있거든요. 그래서 N2까지의 내용만 확실하게 알고 있어도 일상적인 대화가 가능하고 일본어 원서를 읽을 수 있는 등 '일본어 상급자'로 도약하는 발판을 마련할 수 있습니다. 일본어로 자유롭게 의사소통을 하기 위

해 공부하시는 분이라면 N2까지 마스터하는 것을 목표로 공부하시는 게 좋습니다. 참고로 N1은 워낙 생소한 어휘나 표현들이 많아서 난이도 대비 실용성은 썩 좋지 못하다는 게 제 생각이에요.

**내 수준에 맞는
일본어 능력시험**

### 능력시험의 첫단계 N5에 도전하자!

일본어 입문서로 공부를 하면 제일 먼저 명사와 형용사의 활용을 공부하고 이후로는 동사의 ます형, て형, 과거형을 공부하는 게 가장 일반적인 순서입니다. 일본어에 있어서 가장 기본이 되는 내용들이기 때문에 모든 기본서에서 공통적으로 다루는 부분이며 일본어 능력시험 N5에서 출제되는 내용이기도 합니다. 책마다 조금씩 순서가 다르기는 하지만 동사의 て형이나 과거형 정도까지 공부했다 싶으면 이쯤에서 N5 공부를 시작해 보세요. 입문서의 진도를 잠시 멈추고 능력시험 공부로 전환하는 것도 좋습니다. 능력시험 N5 교재를 보면서 모르는 단어가 있는지, 모르는 문법이나 문형이 있는지 잘 살펴 보며 공부해 보세요. 일본어 실력의 뼈대가 되는 내용이니 초반에 확실하게 마스터해 놓으면 앞으로 남은 기초 단계를 공부하는 데에도 도움이 된답니다.

### 기초를 더욱 탄탄하게 N4

N4에서는 앞서 공부한 동사 활용에 더하여 부정형, 가능형, 가정형, 수동형 등 더욱 다양한 활용 문법이 등장합니다. 그런데 사실 N4와 N3에 해당하는 문법들은 입문서마다 순서나 내용이 제각각이라 입문서를 기준으로는 어디까지가 N4, 어디부터가 N3이라고 명확하게 구분짓기가 어렵습니다. 일단 입문서에 나오는 활용 문법을 끝까지 한 번 공부한

후에 다시 한 번 복습하고 정리한다는 생각으로 N4 공부를 해 보시면 좋습니다. N4도 기초 레벨에 해당하니 여기에 나오는 내용들은 무조건 다 알고 넘어간다는 생각으로 공부해야 해요. 이미 아는 내용들은 다시 한 번 복습하고 입문서를 통해서 미처 공부하지 못한 단어나 문법 등은 새롭게 익히며 기초 실력의 빈틈을 꼼꼼하게 채워 보세요.

### 기초를 마무리하고 중급으로 도약하는 N3

N3은 지금까지 공부했던 기초 문법을 총정리 하고 조금 더 심화된 응용 표현을 공부하여 중급 단계로 넘어가는 관문입니다. 그래서 앞 레벨에 비해 어휘량도 부쩍 늘고 입문서에서 벗어난 중급 표현이나 회화에서 사용하는 축약 표현도 등장해요. 입문서에서 공부했던 내용은 까먹지 않도록 확실하게 복습하고, 처음 보는 단어나 문법들은 꼼꼼히 공부해서 중급자로서의 실력을 다지는 단계라고 생각하시면 됩니다. 또한 이쯤 되면 동사 활용도 제법 입에 붙어 있어야 해요. 머릿속으로 활용 규칙을 떠올리지 않더라도 기본형을 보면 원하는 형태로 척척 활용할 수 있어야 합니다. N3을 공부하고 있는데 아직까지도 동사 활용이 잘 안 된다면 연습이 부족한 것이니 다시 복습하는 것이 좋아요. 동사 활용을 신속하고 정확하게 할 줄 아는 상태에서 N3를 마스터해야 당당히 '일본어 중급'이라고 말할 수 있습니다.

### 상급자가 되기 위한 준비 N2

N3까지가 기초문법을 중심으로 다양한 문형들을 테스트하는 단계였다면 N2부터는 더 이상 기초문법을 다루지 않습니다. 기초문법은 당연히 알고 있다는 전제 하에 심화된 응용 표현을 공부하는 단계예요. 예문도 일상이나 회화보다는 신문기사와 같은 시사적인 문장이 많아지고 한자어도 부쩍 늘어납니다. N2 수준의 문형과 어휘를 마스터하면 신문이나 원서 읽기가 한결 수월해지는 것을 느낄 수 있을 거예요.

일본어 능력시험 공부에 도전하시는 분들께 또 한 가지 드리고 싶은 말씀은 '합격'을 위해 공부하지 말라는 것입니다. 일본어 능력시험은 일정 점수만 넘으면 누구에게나 똑같은 합격증이 나옵니다. 그 말은 즉 똑같은 N3 합격증을 갖고 있다 하더라도 만점으로 합격한 사람과 턱걸이로 합격한 사람의 실력이 같다고 볼 수 없다는 말입니다. 솔직히 턱걸이로 합격한 사람은 제대로 된 N3 실력을 갖추었다고 보기 어려워요. 그런데 사람 심리라는 게, 만점이든 턱걸이든 일단 합격증만 받아 놓으면 또다시 똑같은 걸 공부하기는 싫은 법입니다. N3 합격했으니 다음엔 N2에 도전해볼까? 하고 앞으로 나아가고 싶어 하는 게 사람 마음이죠. 그렇게 턱걸이로 합격해 놓고 다시 복습하지 않으면 결국 구멍이 숭숭 뚫린 채로 탄탄하지 못한, 무늬만 N3인 일본어 실력이 되는 것입니다. 'N2에 합격은 했는데 아직도 기초가 부족한 것 같아요' 라는 말도 모두 복습이 부족해서 나오는 것이랍니다. 제대로 이해하지 못한 채 찍어서 맞춘 문제가 많다는 뜻이겠죠.

일본어 능력시험에 도전하시려는 분들은 다시 한 번 '내가 왜 일본어 능력시험 공부를 하고 있는가' 곰곰이 생각해 보세요. 당장 합격증이 필요해서 공부하시는 분들이 아니라면 대부분 내 실력을 점검하고 각 레벨에 해당하는 일본어 지식을 갖추기 위해서일 것입니다. 각 레벨에 해당하는 일본어 실력을 내실 있게 갖추고 싶으신가요? 장차 상급 레벨

까지 계속해서 공부할 계획을 갖고 계신가요? 그렇다면 단순히 합격증만 바라보며 공부할 게 아니라 내용을 모조리 '마스터'하겠다는 각오로 공부하세요. 합격을 목표로 공부하다 보면 어느 정도 공부하다가, 이쯤이면 합격선은 넘지 않을까? 이쯤 공부하고 나머지는 찍으면 합격할 수 있겠지? 하고 요령을 피우게 되기 마련입니다. 그러니 시험을 본다는 것보다도 공부하는 과정 자체에 의미를 두셨으면 좋겠습니다.

**기초를 마스터 하는**
**일본어 능력시험 공부법**

우선 시험 공부를 하려면 교재가 있어야겠죠? 일본어 능력시험 교재는 크게 두 종류가 있습니다. 교재 한 권에 모든 파트가 수록 되어 있는 한 권짜리 교재가 있고, 어휘, 독해, 청해 등 각 파트 별로 따로따로 구입해야 하는 교재가 있는데요. 여러 권 따로따로 구입하기가 번거롭다면 한 권짜리 교재를, 좀 더 꼼꼼하게 집중적으로 공부하고 싶다면 각 파트 별 교재를 구입하면 됩니다. 우선 한 권짜리로 공부하다가 특정 파트가 부족하다 싶을 때 해당 파트의 교재를 추가로 구입하여 공부해도 좋아요.

자신이 공부할 레벨과 교재를 선택했다면 다음에는 학습 계획을 세워야 합니다. 시험날까지 공부할 기간이 얼마나 남았는지 계산해 보세요. 그리고 책에 나온 전체 내용을 시험 1~2주 전까지는 모두 공부할 수 있도록 학습 계획을 세워야 해요. 여기에서 중요한 것은 특정 파트만 계속 공부하는 것이 아니라 모든 파트를 적절히 병행하며 공부해야 한다는 것입니다. 월요일은 문법, 화요일은 독해, 수요일은 청해. 이런 식으로 골고루 돌아가며 공부할 수 있도록 계획을 세우세요. 다만 특정 파트가 많이 부족하다면 그 파트에 조금 더 많은 시간을 할애해야 합니다.

### 언어지식 (문자어휘)

일단 시험 교재에 실린 단어들을 최대한 많이 외우는 것이 관건인데요. 책을 휘리릭 넘겨 보면 입문서와는 비교가 되지 않을 만큼 단어가 많다고 느껴질 거예요. 교재에 실린 단어의 전체적인 양을 살펴 보고, 앞으로 공부할 기간에 맞게 하루 암기 분량을 정합니다. 하루에 외울 수 있는 양은 개인차가 있으니 본인이 직접 공부해 보면서 조금씩 조절하는 것이 좋겠죠. 또한 일본어 능력시험 교재에는 대부분 명사, 형용사, 동사, 부사 등 품사별로 단어가 나뉘어 있는데요. 한 가지 품사만 줄창 외우는 것보다는 조금씩 섞어서 외우는 것이 좋습니다.

하루에 외울 단어의 분량을 정했다면 그날 외울 단어를 훑어보며 100% 확실하게 아는 단어는 모두 체크하여 제외시킵니다. 평소에 입문서로 열심히 공부했다면 아는 단어도 꽤 많이 있을 거예요. 외울 단어만 골랐다면 62쪽에 있는 단어장 만들기 방법으로 단어장을 만듭니다. 단어를 오십음도 순서대로 적지 말고 적당히 섞어 가며 단어장을 만들도록 하세요.

단어장이 완성되었다면 65쪽에 있는 단어 빽빽이 방법으로 열심히 단어를 외웁니다. 그리고 68쪽에 소개한 테스트 방법으로 셀프 테스트를 하며 얼마나 잘 외웠는지 확인하세요. 틀린 단어들은 체크해 놓고 다시 복습해야겠죠?

참고로 단어 공부는 가능하면 매일매일 할 수 있도록 계획하는 것이 좋습니다. 조금씩 자주자주 들여다 보는 것이 효과적이기 때문이에요. 다른 파트를 공부하면서 틈틈이 단어 공부를 하도록 합시다.

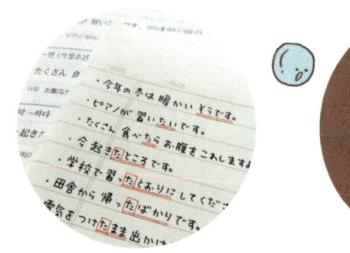

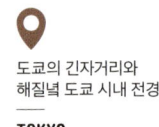

도쿄의 긴자거리와
해질녘 도쿄 시내 전경

**TOKYO**

### 언어지식 (문법)

문법에서 가장 기본이 되는 것은 역시 동사의 활용입니다. 시험뿐만 아니라 장차 유창한 회화를 하기 위해서도 활용은 눈감고도 술술 나올 정도가 되어야 해요. 그러니 내가 선택한 레벨에 어떤 활용들이 나오는지 확인하고 79쪽에 있는 '동사 활용 연습법'으로 활용 연습을 충분히 해 두는 것이 좋습니다. 입문서를 공부하는 과정에서 이미 충분히 연습했다면 따로 하지 않아도 되겠죠.

활용 연습을 충분히 했다면 다음에는 표현 문형을 달달 외워야 합니다. 그 문형의 정확한 의미와 사용법은 물론, 동사에 접속하는 문형이라면 동사의 어떤 형태에 접속하는지도 확실하게 외워야 해요. '보다'와 '~하고 싶다' 라는 표현을 합치면 '보고 싶다' 라고 해야 하는데, '보다 싶다' 라고 말하면 안 되겠죠? 이렇게 틀린 표현으로 말하지 않으려면 접속 형태를 잘 외우도록 하세요. 또한 문법과 문형은 반드시 문장과 함께 익혀야 합니다. 그래야만 어떤 상황에서 어떤 뉘앙스로 사용되는지 정확히 파악할 수 있어요. 90쪽에서 소개한 '문형 노트 정리법'을 통해 시험 교재에 나온 문형들을 정리해 보도록 합니다. 입문서와 달리 일본어능력시험 교재에는 문형들이 한쪽에 보기 좋게 나열되어 있기 때문에 노트에 정리하기도 한결 편할 거예요. 그리고 문형과 문장이 익숙해질 때까지 반복해서 읽거나 쓰면서 공부합니다.

PAGE: 179

시즈의
일본어노트
しずの日本語ノート

취향에 따라 단어카드에 정리하는 방법도 있습니다. 카드 앞면에는 일본어를 쓰고 뒷면에는 우리말 해석을 쓰는 방식이에요. 대신 써야 할 내용이 많으니 큼지막한 카드를 사용하는 게 좋겠죠.
만약 문법을 공부하면서 예문에 모르는 단어가 나온다면 그때그때 단어장에 정리해서 단어 공부할 때 같이 외우도록 하세요.

## 독해

독해는 종합적인 일본어 능력을 필요로 하는 파트입니다. 문장을 이해하기 위해서는 기본적으로 어휘와 문법적인 지식이 있어야 하며, 그러한 기본 지식을 바탕으로 전체적인 내용을 해석하고 이해할 수 있어야 하죠. 뿐만 아니라 시험에서는 정해진 시간 내에 문제를 읽고 풀어야 하기 때문에 문장을 읽으며 빠르고 정확하게 해석하는 능력이 필요합니다.

그렇기 때문에 평소에 일본어 글을 많이 읽어 보며 해석하는 연습을 하는 것이 좋아요. 126쪽에 소개한 독해 공부법으로 꼼꼼하고 정확하게 해석하는 힘을 길러 보세요. 처음에는 일본어 문법이나 문형들이 눈에 잘 들어오지 않아서 꼭 우리말로 해석을 적어 봐야만 내용이 제대로 이해가 될 거예요. 하지만 충분히 연습 과정을 거친다면 눈으로 일본어를 읽으며 바로바로 머리로 해석할 수 있는 능력이 생긴답니다.

## 청해

청해는 귀로 들은 내용을 바탕으로 문제를 풀어야 하니 기본적으로 듣기가 잘 되어야겠죠. 평소에 듣기 공부를 전혀 하지 않고 눈으로만 공부하다가 갑자기 듣기를 하려면 어려울 수 있어요. 입문서로 공부하는 과정에서도 꾸준히 듣기 연습을 하는 것이 좋아요. 시험공부를 할 때에는 청해 교재로 문제를 먼저 풀어 본 후에 틀린 문제나 잘 들리지 않는 부분이 있었던 문제를 중심으로 복습하면 됩니다. 교재 스크립트를 이용하여 145쪽에 소개한 받아쓰기 공부법으로 공부해 보세요.

청해 점수가 잘 나오지 않는데 애니메이션이나 드라마를 많이 보면 좋아질까요?

이런 질문도 많이 받았는데요. 사실 평소에 일본 방송을 그다지 즐겨 보지 않다가 갑자기 청해 공부를 하려고 방송을 보는 건 시험 점수에는 크게 도움을 주지 못합니다. 시험을 보기 위해서는 시험에 맞는 듣기 연습을 해야 해요. 그러니 청해 교재로 공부하는 것이 가장 효과적입니다.

EPILOG

# 일본어를 잘하는 비결?

**好きこそ物の上手なれ (좋아하는 것이야말로 잘하게 되는 비결)**

'어떻게 공부해야 일본어를 잘 할 수 있나요?
노하우 좀 알려 주세요'

이런 질문을 굉장히 많이 받습니다. 그래서 '나는 초급 시절에 어떻게 공부했지?' 하고 가만히 생각해 봐도 한마디로 정의할 수 있는 '노하우'라는 게 없어요. 그저 이 방법 저 방법 다양한 방법으로 공부를 해 보며 시행착오도 거치며 조금씩 나에게 맞는 공부법을 찾아 왔습니다.

실제로 일본어를 잘하기 위한 공부법이란 것은 정해진 게 없습니다. 사람마다 공부하는 스타일이 다르고 공부하는 목적이 다르기 때문에 저마다 자신에게 맞는 공부법을 찾는 것이 가장 좋다고 할 수 있어요. 여기에서 제가 소개해 드린 공부 방법들도 지금까지 직접 공부해 보면서 스스로 효율적이었다고 생각하는 공부법일 뿐. 학습자의 성격에 따라 좋은 공부법이라고 생각하는 분들도 있을 테고, 자신과는 잘 맞지 않는 공부법이라고 느끼시는 분들도 있으리라 생각합니다.
공부 방법 자체는 별다른 게 없었지만, 제가 남들과 달랐던 점이 딱 하나 있었습니다. 그것은 일본어 공부를 너무나도 즐거워했다는 것.

사실 저는 중학생 때 영어를 굉장히 못하는 학생이었습니다. 학교에서 영어 수업을 들으면 '관계대명사'며 'to부정사'며… 온갖 문법 용어들이 도무지 무슨 소리인지 이해를 할 수가 없고 우리말과 어순이 다르니 해석도 엉뚱하게 하기 일쑤였어요. 그렇게 영어 공부에 흥미를 잃어갈 무렵 일본어를 알게 되었습니다.
일본 노래를 통해 살짝 접해본 일본어는 영어와는 달리 완전히 신세계였어요. 일단 우리

말과 어순이 같죠. 조사를 사용한다는 점에서 문장 구조도 비슷하죠. 게다가 같은 한자 문화권이라 우리말과 발음이 비슷한 단어도 꽤 많았어요.

'이만큼이나 우리말이랑 비슷한
외국어가 존재했다니!'

일본어의 매력에 푹 빠진 저는 일본어를 더 알고 싶다는 욕구가 불타올랐고 그 욕구를 충족하기 위해 학원에 다니면서 문법을 공부하기 시작했습니다. 그런데 문법 공부를 해 보니 더욱 놀라웠어요. 우리말과 동일한 문장 구조를 갖고 있는데, 형용사나 동사를 활용하는 방법은 우리말보다 훨씬 단순했거든요. 학교에서 국어 시간에 '이히리기우구추'며, 동사와 형용사를 구별하는 방법 등등 까다로운 국어 문법에 대해 공부한 적이 있었는데요. 그래서 그런지 '한국어에 비하면 일본어가 정말 단순하구나. 한국어 배우는 일본인들은 얼마나 어려울까' 하는 생각이 먼저 들었습니다. 그렇게 생각하니 일본어 문법이 어렵다는 느낌이 들지 않았고 이 정도 난이도면 그저 감사하게 공부해야겠다는 마음뿐이었어요.

그런 마음으로 일본어를 배우다 보니 일본어를 알아가는 과정이 너무나도 즐거웠고, 학원 수업을 단 한 번도 빠진 적이 없었어요. 물론 숙제도 빼먹지 않고 열심히 했습니다. 그렇게 학원에서 하는 공부 외에 일본 노래도 외우고, 애니메이션도 보고, 관심 있는 원서도 사서 읽어 보고 잡지도 구독하고… 온갖 방법을 동원하여 끊임없이 일본어를 접했어요. 그렇게 1년, 2년, 3년… 일본어를 손에서 놓지 않고 꾸준히 하다 보니 언제부터인가 '일본어 잘한다'는 말을 듣게 되었습니다.
어떻게 보면 저는 애초에 일본어를 잘하기 위해 공부했던 것은 아닌 것 같아요. 일본 애니메이션을 좋아해서 자연스럽게 일본어를 접할 수밖에 없었고, 일본어라는 언어가 궁금해서 살짝 들여다 보다가 우리말과 비슷하다는 점에 흥미를 느껴 공부를 시작했고, 알면 알수록 일본어의 매력에 점점 빠져 들어 매일같이 일본어와 함께 했습니다. 일본어를 알아가는 과정 자체를 좋아하고 즐겼던 결과 일본어 실력을 얻을 수 있었던 것이죠.

외국어 실력은 얼마나 많은 노력을 기울이고 얼마나 많은 시간을 투자하였는가에 따라 결정된다고 생각합니다. 지금 현재 많이 노력한다 하더라도 충분한 시간이 채워지기 전까지는 실력 향상이 눈에 띄지 않을 수도 있어요. 그런데 '빨리 일본어 잘했으면 좋겠다, 빨리 기초 마쳤으면 좋겠다' 하고 '빨리'라는 생각이 머릿속에 들어있으면 마음이 급해지기 마련입니다. 실력이 겉으로 드러나기까지는 아직 시간이 더 필요한데, 지금 당장 노력한 만큼 보이는 것이 없으니 공부할 의욕을 잃고, 초조해지고, 슬럼프에 빠지는 것이 아닐까 생각해요.

저는 일본어 공부를 하는 과정에서 '빨리'라는 마음이 전혀 없었고, 덤으로 일본 애니메이션과 노래라는 관심 분야가 있었고, 그저 책만 보고 하는 공부가 아니라 저 스스로 다양한 공부법을 시도했던 덕분에 오랜 기간 동안 슬럼프 없이 일본어 공부를 할 수 있었던 것 같아요.

일본어 실력을 얻기 위해서는 '충분한 학습 시간'과 '꾸준한 공부'가 꼭 필요합니다. 그리고 충분한 시간 동안 꾸준히 공부를 이어가기 위해서는 일본어 공부 자체가 즐거워야 해요. 자꾸만 '어렵다, 힘들다' 하고 생각하면 한없이 어렵게 느껴지고 재미도 없어요. 외국어 공부에 어렵고 힘든 부분이 있는 건 지극히 당연한 사실! 편하고 쉽게 공부해서 얻을 수 있는 외국어는 없다는 사실을 기억하고 어려운 부분은 평소보다 좀 더 열심히 꼼꼼히 시간을 들여서 공부하면 될 뿐입니다. 한국어를 공부하는 외국인들을 생각해 보세

PAGE: 187

시즈의
일본어 노트
しずの日本語ノート

요! 그에 비하면 한국어라는 모국어를 갖고 일본어 공부를 한다는 것은 누워서 떡 먹기 아닐까요?

또 한가지, 일본어를 즐겁게 공부하기 위해서는 일본에 대한 '관심사'를 하나씩 갖는 것이 좋습니다. 아이돌도 좋고 드라마도 좋고 여행도 좋아요. 일본 쪽에 관심 분야가 있다면 자연스럽게 일본어의 필요성을 느끼게 되고 저절로 공부에 대한 동기 부여가 되겠죠? 단순히 실력 향상을 위해 공부하는 것보다, 내가 좋아하는 분야를 알기 위한 수단으로 공부한다면 그 과정도 훨씬 즐거울 거예요.

일본어도 엄연한 외국어니 실력을 얻으려면 그만한 노력이 필요한 건 당연합니다. 하지만 그 어떤 외국어보다도 한국인이 공부하기에 유리한 외국어임은 틀림없어요. 일본어를 공부하시는 모든 분들이 슬럼프 없이 즐거운 마음으로 재미있게 공부하셨으면 좋겠습니다.

## 시즈의 일본어 노트
しずの日本語ノート

**일본어 시작이 두려운 여러분을 위한**
**《 시즈의 일본어 노트 》**

일본어 독학을 시작할 때 도움이 참 많이 됐어요! 매일매일 꾸준히 올려주시는 단어와
한자들도 그리고 이미 올라와 있던 게시물들까지 해서 차근차근 살펴볼 수 있었어요.
그리고 흥미 돋아주는 예쁜 손글씨와 재밌는 일본의 흥미거리 기사도 올려주셔서 더 즐겁게
공부하는데 도움이 되었어요! 일본어 공부하는 다른 친구들한테도 소개해 줬지요.
- 아리

일본어 독학할 때 힘든 점은 중간중간 궁금한게 많아지다가 결국엔 공부와 멀어진다는
점인데요, 시즈님의 공부 방법을 따라가면 초보자들이 궁금해할 만한 것을
미리 알려주셔서 지속적으로 공부하는 데 도움이 됩니다! 그리고 읽기, 쓰기, 말하기를
종합적으로 공부할 수 있어서 더욱 좋아요!
- lawlee122

정가 13,500 원

Orbita

ISBN 979-11-954448-4-7
ISBN 979-11-954448-5-4 (set)

시즈와 함께 하는
감성 일본어

しずの日本語ワークブック

# 시즈의
# 일본어
# 워크북

김연진 ◆ 지음

しずの日本語ワークブック

Orbita

**CONTENTS**

기초 단계에서는 입문서를 중심으로 기초 단어 외우기, 기초 문법 연습, 공부한 문법을 이용한 간단한 작문 연습, 그리고 책에 실린 스크립트 읽기와 듣기 연습까지 모든 것을 골고루 공부해야 서로 상호작용 하여 실력이 쑥쑥 향상됩니다.

01 일본어 글자 외우기
02 히라가나 & 가타카나 외우기 연습문제
03 손글씨 한자 쓰기
04 내 손으로 정리하는 단어장
05 명사 활용 공부하기
06 な형용사 활용 공부하기
07 い형용사 활용 공부하기
08 동사 활용 공부하기
09 내 손으로 정리하는 문형 노트
10 예문 바꾸기 연습
11 일본어로 일기 쓰기
12 일본어 쓰기 연습
13 정리 예시 & 정답

시즈와 함께 하는
감성 일본어

# 시즈의
# 일본어
# 워크북

김연진 지음

Orbita

# 01. 일본어 글자 외우기

아래 빈 칸을 이용하여 오십음도 표를 만들어 보세요.

 히라가나

|  | あ행 | か행 | さ행 | た행 | な행 | は행 | ま행 | や행 | ら행 | わ행 |
|---|---|---|---|---|---|---|---|---|---|---|
| あ단 | 아 | 카 | 사 | 타 | 나 | 하 | 마 | 야 | 라 | 와 |
| い단 | 이 | 키 | 시 | 치 | 니 | 히 | 미 |  | 리 | 오 |
| う단 | 우 | 쿠 | 스 | 츠 | 누 | 후 | 무 | 유 | 루 | 응 |
| え단 | 에 | 케 | 세 | 테 | 네 | 헤 | 메 |  | 레 |  |
| お단 | 오 | 코 | 소 | 토 | 노 | 호 | 모 | 요 | 로 |  |

カタカナ 가타카나

|  | ア행 | カ행 | サ행 | タ행 | ナ행 | ハ행 | マ행 | ヤ행 | ラ행 | ワ행 |
|---|---|---|---|---|---|---|---|---|---|---|
| ア단 | a | ka | sa | ta | na | ha | ma | ya | ra | wa |
| イ단 | i | ki | shi | chi | ni | hi | mi |  | ri | o |
| ウ단 | u | ku | su | tsu | nu | fu | mu | yu | ru | n |
| エ단 | e | ke | se | te | ne | he | me |  | re |  |
| オ단 | o | ko | so | to | no | ho | mo | yo | ro |  |

아래 표에 탁음과 반탁음에 대해 정리해 보세요.

| | が행 | ざ행 | だ행 | ば행 | ぱ행 |
|---|---|---|---|---|---|
| あ단 | ga 가 | za 자 | da 다 | ba 바 | pa 빠 |
| い단 | gi 기 | ji 지 | ji 지 | bi 비 | pi 삐 |
| う단 | gu 구 | zu 즈 | zu 즈 | bu 부 | pu 뿌 |
| え단 | ge 게 | ze 제 | de 데 | be 베 | pe 뻬 |
| お단 | go 고 | zo 조 | do 도 | bo 보 | po 뽀 |

**탁음**이란?
_____
_____
_____

**반탁음**이란?
_____
_____
_____

< 연습문제 > 아래 단어를 읽어 보세요.

ちず　　　　　でんぽ　　　　　どろぼう　　　　　げんじつ
[ 치 ]　　　　[ 　 ]　　　　　[ 　 ]　　　　　　[ 　 ]

だいじ　　　　かがく　　　　　よこづな　　　　　びんぼう
[ 　 ]　　　　[ 　 ]　　　　　[ 　 ]　　　　　　[ 　 ]

べんぴ　　　　ぶんぽう　　　　かんぺき　　　　　ぐうぜん
[ 　 ]　　　　[ 　 ]　　　　　[ 　 ]　　　　　　[ 　 ]

にんぷ　　　　あおぞら　　　　ぎんざ　　　　　　ばんごはん
[ 　 ]　　　　[ 　 ]　　　　　[ 　 ]　　　　　　[ 　 ]

＊ 네이버 사전으로 검색해서 발음을 들어 보세요!

시즈의
일본어 워크북
しずの日本語ワークブック

아래 표에 '요음'에 대해 정리해 보세요.

**요음이란?**

_____
_____
_____
_____
_____

|   | +や | +ゆ | +よ |
|---|---|---|---|
| き | きゃ kya 캬 | kyu 큐 | kyo 쿄 |
| ぎ | gya 갸 | gyu 규 | gyo 교 |
| し | sha 샤 | shu 슈 | sho 쇼 |
| じ | ja 쟈 | ju 쥬 | jo 죠 |
| ち | cha 챠 | chu 츄 | cho 쵸 |

|   | +や | +ゆ | +よ |
|---|---|---|---|
| に | nya 냐 | nyu 뉴 | nyo 뇨 |
| ひ | hya 햐 | hyu 휴 | hyo 효 |
| び | bya 뱌 | byu 뷰 | byo 뵤 |
| ぴ | pya 뺘 | pyu 쀼 | pyo 뾰 |
| み | mya 먀 | myu 뮤 | myo 묘 |
| り | rya 랴 | ryu 류 | ryo 료 |

< 연습문제 > 아래 단어를 읽어 보세요.

びゃく [ 쿠 ]     じゅうしょ [   ]     ちゅうちょ [   ]     ぴょこぴょこ [   ]

おちゃ [   ]     さんびゃく [   ]     ひょうご [   ]     ぎゅうにゅう [   ]

しゃべる [   ]     きょうりゅう [   ]     ぎょうしゃ [   ]     じょうきゃく [   ]

びみょう [   ]     みゃくらく [   ]     しょうりゃく [   ]     しゅうちゃく [   ]

✳ 네이버 사전으로 검색해서 발음을 들어보세요!

아래 빈칸에 '촉음'과 '발음'에 대해 정리해 보세요.

 우리말의 ㄴ·ㅁ·ㅇ 받침 소리가 나는 글자입니다. 어떤 발음으로 읽든 상관은 없지만 뒷글자를 발음하기 편한 쪽으로 자연스럽게 읽는 것이 좋아요! 아래 단어들의 발음을 써 보고 네이버 사전으로 검색하여 직접 발음을 들어 보세요.

おんな [ 온나 ]　　さんぽ [　　]　　こんばん [　　]　　はんたい [　　]

しんぷ [ 시ㅁ뿌 ]　　あんい [　　]　　しんぴん [　　]　　えんぴつ [　　]

りんご [ 리ㅇ고 ]　　たんす [　　]　　かんづめ [　　]　　くんれん [　　]

かんじ [ ㅋㅏ　지 ]　　げんき [　　]　　せんぱい [　　]　　えんまん [　　]

しんろ [ 시　로 ]　　こんぶ [　　]　　とんかつ [ 토　카츠 ]　　かんがえる [　　]

でんわ [　　]　　さんま [　　]　　どんぶり [　　]　　はんだん [　　]

おんぷ [　　]　　コンピューター [　　]　　ほんや [　　]

さんそ [　　]　　さんふじんか [　　]　　しんゆう [　　]

 ぅ를 작게 쓴 것이 촉음입니다. 우리말의 ㄱ・ㅂ・ㅅ 받침 소리가 납니다. 세 발음 중 뒷글자를 발음하기 편한 쪽으로 자연스럽게 읽으면 됩니다.
아래 단어들의 발음을 써보고 네이버 사전으로 검색하여 직접 발음을 들어 보세요.

さっか　　　　かっぱつ　　　　はっけん　　　　てっぺん
[ 사ㄱ까 ]　　[　　　　]　　[　　　　]　　[　　　　]

きっぷ　　　　きっかけ　　　　こっそり　　　　れっとう
[ 키ㅂ뿌 ]　　[　　　　]　　[　　　　]　　[　　　　]

そっと　　　　さっそく　　　　やっぱり　　　　せっかち
[ 소ㅅ또 ]　　[　　　　]　　[　　　　]　　[　　　　]

かっこ　　　　れっしゃ　　　　じっくり　　　　じっさい
[ 카ㄱ꼬 ]　　[　　　　]　　[　　　　]　　[　　　　]

ざっし　　　　てっきり　　　　せっしょく　　　せっけん
[ 자ㅅ시 ]　　[　　　　]　　[　　　　]　　[　　　　]

かっぱ　　　　かけっこ　　　　しゅっぱつ　　　あっとう
[　　　　]　　[　　　　]　　[　　　　]　　[　　　　]

きって　　　　ほったん　　　　きっさてん　　　がっかり
[　　　　]　　[　　　　]　　[　　　　]　　[　　　　]

りっぱ　　　　しっぽ　　　　　けっちゃく　　　しっぱい
[　　　　]　　[　　　　]　　[　　　　]　　[　　　　]

# 02. 히라가나 & 가타카나 외우기 연습문제

〈연습문제〉① 히라가나 읽기!! 다음 히라가나 밑에 한글 발음을 쓰세요.
② 가타카나 쓰기!! 히라가나를 가타카나로 바꿔 쓰세요.

と よ お ぬ る さ も わ ち へ ん う せ は く え
① 토
② ト

み し た む ふ け い ほ ゆ な の れ ま を き と
①
②

ろ ひ す そ に ら め か こ あ ね て や り つ
①
②

ば じ ぽ が ぴ づ げ ぞ べ ぎ だ ぷ ず ぼ
①
②

ご で び ぶ ぱ ぢ ぺ ざ ど ぜ ぐ
①
②

＊헷갈리는 가타카나 쓰기 요령

정답은 오십음도표를
보고 확인 하세요

〈연습문제〉 ① 가타카나의 발음을 쓰고 ② 히라가나로 바꿔 쓰세요.

タ　ス　チ　レ　ウ　ロ　ム　ヲ　ヘ　イ　コ　ツ　ヤ　ケ　マ
① 타
② た

ニ　ユ　ネ　サ　フ　オ　シ　ヨ　ラ　ソ　メ　タ　ル　ト　ミ　ナ　テ
①
②

ン　ヌ　ハ　モ　セ　エ　ワ　ホ　ヒ　キ　ク　カ　ノ　リ　ア
①
②

〈연습문제〉 히라가나로 쓰인 단어를 가타카나로 바꿔 쓰고 읽어 보세요.

すりっぱ 슬리퍼　　わいしゃつ 와이셔츠　　そふぁー 소파
[　　　　]　　　　[　　　　]　　　　[　　　　]

めーる 메일　　れすとらん 레스토랑　　おふぃす 오피스
[　　　　]　　　　[　　　　]　　　　[　　　　]

じゅーす 주스　　ぱーてぃー 파티　　だいえっと 다이어트
[　　　　]　　　　[　　　　]　　　　[　　　　]

さっかー 축구　　よーろっぱ 유럽　　ういるす 바이러스
[　　　　]　　　　[　　　　]　　　　[　　　　]

〈연습문제〉 다음 노래가사를 우리말 발음으로 적어 보세요.

(Bonus Track) 茜色の約束 (Akaneirono Yakusoku)

あかねいろした ひだまりの なか むくちな かぜが ふたりを つつむ
아카네이로시타

ほはば あわせて あるく さかみち いつも あたしは おいかける だけ

つまずいたり ころんで ないて みたり けっして うまく いきれる あたしじゃ

ないけど あなたが ほら あたしの てを ひくから こわがる こころも

つよくね なれるよ だから ないて わらって つないだ このては

かさねた ことばに まけない やくそく あなたに であえた あかねの

そらに ほら あのひと おなじ ことを ねがうよ

# 03. 손글씨 한자 쓰기

★ 7~8급 수준의 기초 한자 중 한국어와 일본어 동일한 의미를 갖는 단어입니다.

# 04. 내 손으로 정리하는 단어장

★ 단어장 만들기 연습 ★
아는 단어는 과감히 지우고 모르는 단어만 골라 오른쪽 페이지에 정리해 보세요.

- ☑ 明日(あした) 내일
- ☐ つもり 생각, 작정
- ☐ ビール 맥주
- ☐ 服(ふく) 옷
- ☐ 電話(でんわ) 전화
- ☐ 回(まわ)す 돌리다
- ☐ ちょっと 좀
- ☐ 特(とく)に 특히
- ☐ チケット 티켓
- ☐ 写真(しゃしん) 사진
- ☐ 窓(まど) 창문
- ☐ 売(う)る 팔다

- ☐ 安(やす)い 싸다
- ☐ 授業(じゅぎょう) 수업
- ☐ 使(つか)う 사용하다
- ☐ うれしい 기쁘다
- ☐ 美術(びじゅつ) 미술
- ☐ 今(いま) 지금
- ☐ ネクタイ 넥타이
- ☐ 出張(しゅっちょう) 출장
- ☐ 図書館(としょかん) 도서관
- ☐ サッカー 축구
- ☐ きれいだ 예쁘다
- ☐ もしもし 여보세요

- ☐ にぎやかだ 번화하다
- ☐ 教(おし)える 가르치다
- ☐ わんぱく 개구쟁이
- ☐ ハンカチ 손수건
- ☐ 自転車(じてんしゃ) 자전거
- ☐ おとなしい 얌전하다
- ☐ 経済(けいざい) 경제
- ☐ コンサート 콘서트
- ☐ 人形(にんぎょう) 인형
- ☐ ゆっくり 천천히, 푹
- ☐ デパート 백화점
- ☐ 電気製品(でんきせいひん) 전기제품

# 나만의 단어장

| 한자 | 히라가나 | 뜻 | 메모 |
|---|---|---|---|
| 明日 | あした | 내일 | |

첫번째 줄에 공부할 단어를 쓰고 그 밑으로 빽빽이를 하며 외워보세요.

復習　難しい
ふくしゅう　むずかしい
복습　　　어렵다

---

★ 1차 빽빽이 5회 ★

復習　難しい
復習　難しい
復習
復習
ふくしゅう

★ 2차 빽빽이 5회 ★




★ 3차 빽빽이 끝까지 ★

# 05. 명사 활용 공부하기

### 명사 활용

* 사전형 : 花 (はな, 꽃)
* 사전형에 정해진 표현을 붙이기만 하면 OK!!

· 긍정표현　花 + です　→　花です　꽃입니다
　　　　　　花 + だ　→　花だ　꽃이다

· 부정표현　花 + ではありません　→　花ではありません　꽃이 아닙니다
　　　　　　花 + ではない　→　花ではない　꽃이 아니다

· 과거표현　花 + でした　→　花でした　꽃이었습니다
　　　　　　花 + だった　→　花だった　꽃이었다

· 과거부정　花 + ではありませんでした　→　花ではありませんでした　꽃이 아니었습니다
　　　　　　花 + ではなかった　→　花ではなかった　꽃이 아니었다

· 명사수식　花 + の + 명사　→　花のかおり　꽃의 향기
· 연결하기　花 + で　→　花で　꽃이고

* 바꿔 쓸 수 있는 말
　では = じゃ
　ありません = ないです
　ありませんでした = なかったです

★ 명사 활용연습 ★ ( 빈 칸에는 연습하고 싶은 단어를 자유롭게 쓰세요)

| 명사 | ~です (긍정) | ~では ありません (부정) |
|---|---|---|
| こども<br>子供 어린이 | 子供です<br>어린이 입니다 | 子供では ありません<br>어린이가 아닙니다 |
| おとな<br>大人 어른 | | |
| た もの<br>食べ物 음식 | | |
| わたし<br>私の 내 것 | | |
| トイレ 화장실 | | |
| | | |
| | | |
| | | |
| | | |
| | | |
| | | |
| | | |

★ 명사 활용 연습 ★ ( 빈 칸에는 연습하고 싶은 단어를 자유롭게 쓰세요 )

| 명사 | ～でした (과거) | ～では ありませんでした (과거부정) |
|---|---|---|
| この人 이 사람 | この人でした 이 사람이었습니다 | この人ではありませんでした 이 사람이 아니었습니다 |
| 夢 꿈 | | |
| どろぼう 도둑 | | |
| 千円 천 엔 | | |
| 勘違い 착각 | | |
| | | |
| | | |
| | | |
| | | |
| | | |

# 06. な형용사 활용 공부하기

**な형용사 활용**   * 사전형 : 有名(ゆうめい) (유명)
　　　　　　　　  * 명사와 동일한 활용

- 긍정표현 　有名 + です　→　有名です　유명합니다
　　　　　　有名 + だ　 →　有名だ　 유명하다

- 부정표현 　有名 + ではありません　→　有名ではありません　유명하지 않습니다
　　　　　　有名 + ではない　　　　→　有名ではない　　　　유명하지 않다

- 과거표현 　有名 + でした　→　有名でした　유명했습니다
　　　　　　有名 + だった　→　有名だった　유명했다

- 과거부정 　有名 + ではありませんでした　→　有名ではありませんでした
　　　　　　　　　　　　　　　　　　　　　　　　유명하지 않았습니다
　　　　　　有名 + ではなかった　　　　　 →　有名ではなかった
　　　　　　　　　　　　　　　　　　　　　　　　유명하지 않았다

- 명사수식 　有名 + な + 명사　→　有名なひと　유명한 사람
- 연결하기 　有名 + で　→　有名で　유명하고 / 유명해서


　　* 바꿔쓸 수 있는 말
　　　　では = じゃ
　　　　ありません = ないです
　　　　ありませんでした = なかったです

★ な형용사 활용 연습 ★ (빈 칸에는 연습하고 싶은 단어를 자유롭게 쓰세요)

| ～だ (반말 긍정) | ～です (긍정) | ～ではありません (부정) |
|---|---|---|
| <ruby>静<rt>しず</rt></ruby>かだ 조용하다 | 静かです 조용합니다 | 静かではありません 조용하지 않습니다 |
| <ruby>便利<rt>べんり</rt></ruby>だ 편리하다 | | |
| きれいだ 예쁘다 / 깨끗하다 | | |
| まじめだ 성실하다 | | |
| <ruby>丈夫<rt>じょうぶ</rt></ruby>だ 튼튼하다 | | |
| | | |
| | | |
| | | |
| | | |
| | | |

★ な 형용사 활용연습 ★ ( 빈칸에는 연습하고 싶은 단어를 자유롭게 쓰세요)

| ~だ (반말 긍정) | ~でした (과거) | ~じゃなかったです (과거 부정) |
|---|---|---|
| ゆうめい<br>有名だ 유명하다 | 有名でした<br>유명했습니다 | 有名じゃなかったです<br>유명하지 않았습니다 |
| きけん<br>危険だ 위험하다 | | |
| おしゃれだ 세련되다 | | |
| りっぱだ 훌륭하다 | | |
| じみ<br>地味だ 수수하다 | | |
| | | |
| | | |
| | | |
| | | |
| | | |

# 07. い형용사 활용 공부하기

い형용사 활용   * 사전형 : 大きい (크다)
* 어미 い의 변화에 주의!!!

· 긍정표현   大きい + です → 大きいです  큽니다
            大きい 그대로 → 大きい      크다

· 부정표현   大き<s>い</s> + くないです → 大きくないです  크지 않습니다
            大き<s>い</s> + くない    → 大きくない     크지 않다

· 과거표현   大き<s>い</s> + かったです → 大きかったです  컸습니다
            大き<s>い</s> + かった    → 大きかった     컸다

· 과거부정   大き<s>い</s> + くなかったです → 大きくなかったです  크지 않았습니다
            大き<s>い</s> + くなかった    → 大きくなかった     크지 않았다

· 명사수식   大きい 그대로 + 명사 → 大きい おと  큰 소리
· 연결하기   大き<s>い</s> + くて → 大きくて  크고 / 커서

* 바꿔쓸 수 있는 말
   ないです = ありません
   なかったです = ありませんでした

★ い형용사 활용 연습 ★ ( 빈 칸에는 연습하고 싶은 단어를 자유롭게 쓰세요 )

| 사전형 | ～です (긍정) | ～くありません (부정) |
|---|---|---|
| 長い 길다 (なが) | 長いです / 깁니다 | 長くありません / 길지 않습니다 |
| かわいい 귀엽다 | | |
| 明るい 밝다 (あか) | | |
| おいしい 맛있다 | | |
| 少ない 적다 (すく) | | |
| | | |
| | | |
| | | |
| | | |
| | | |
| | | |
| | | |

★ い형용사 활용연습 ★ ( 빈 칸에는 연습하고 싶은 단어를 자유롭게 쓰세요)

| 사전형 | ～かったです (과거) | ～くなかったです (과거부정) |
|---|---|---|
| <ruby>高<rt>たか</rt></ruby>い 높다 | 高かったです<br>높았습니다 | 高くなかったです<br>높지 않았습니다 |
| <ruby>安<rt>やす</rt></ruby>い 싸다 | | |
| <ruby>涼<rt>すず</rt></ruby>しい 시원하다 | | |
| うるさい 시끄럽다 | | |
| いい (よい) 좋다 | | |
| | | |
| | | |
| | | |
| | | |
| | | |
| | | |
| | | |

# 08. 동사 활용 공부하기

## 동사의 종류

- 불규칙 동사 (3그룹) : 来る(오다)   する(하다)   딱 2개!!
- 1단동사 (2그룹) : 어미가 る이며 る앞의 글자가 い단 또는 え단
- 5단동사 (1그룹) : 불규칙 동사와 1단동사를 제외한 나머지 전부

★ 동사 분류 연습 ★

( 5 ) 読む 읽다            ( ) 考える 생각하다       ( ) できる 할 수 있다

( 1 ) 見る 보다            ( ) 借りる 빌리다         ( ) 眠る 잠들다

(   ) 呼ぶ 부르다          ( ) 来る 오다             ( ) 倒れる 쓰러지다

(   ) 休む 쉬다            ( ) 行く 가다             ( ) 走る 달리다

(   ) 着る 입다            ( ) 消す 끄다             ( ) 終わる 끝나다

(   ) 習う 배우다          ( ) 入る 들어가다         ( ) 降りる 내리다

(   ) 作る 만들다          ( ) 登る 오르다           ( ) 頑張る 분발하다

(   ) 帰る 돌아가다        ( ) やせる 여위다         ( ) する 하다

(   ) 出る 나오다          ( ) 笑う 웃다             ( ) 伝える 전하다

# 동사활용 준비운동

う단 동사를 활용할 때는 어미를 う단에서 다른 단으로 바꿔야 합니다.
오십음도표의 '단' 개념을 잘 생각하며 아래 표를 채워 봅시다.

| あ단 | か わ ★ |  | の ら |  |  |  | い か |  |  |
|---|---|---|---|---|---|---|---|---|---|
| い단 | か い |  | し に |  |  |  |  | ぬ ぎ |  |
| う단 | か う 사다 | ま つ 기다리다 | の る 타다 | し ぬ 죽다 | よ ぶ 부르다 | の む 마시다 | い く 가다 | ぬ ぐ 벗다 | け す 지우다 |
| え단 | か え | ま て |  |  | よ べ |  |  |  |  |
| お단 | か お |  |  |  |  | の も |  |  | け そ |

↳ 어미 う를 あ단으로 바꿀 때는 あ가 아닌 わ로 된다는 것에 주의!!

# 동사의 ます형

- 5단동사 : 어미 う단을 い단으로 바꾼다.

    かう (사다) → か＿        のむ (마시다) → の＿

    まつ (기다리다) → ま＿   いく (가다) → い＿

    のる (타다) → の＿       ぬぐ (벗다) → ぬ＿

    しぬ (죽다) → し＿       けす (지우다) → け＿

    よぶ (부르다) → よ＿

- 1단동사 : 어미 る를 뗀다.

    みる (보다) → ＿＿

    たべる (먹다) → ＿＿

- 불규칙동사 : 그냥 외운다

    する (하다) → し

    くる (오다) → き

★ ます형으로 정중한 기본표현 만들기

- 긍정표현 : ます형 + ます    ~합니다 / ~하겠습니다
- 부정표현 : ます형 + ません    ~하지 않습니다 / ~하지 않겠습니다
- 과거표현 : ます형 + ました    ~했습니다
- 과거부정 : ます형 + ませんでした    ~하지 않았습니다.

★ 동사 ます형 활용 연습 ★ ( 빈칸에는 연습하고 싶은 단어를 자유롭게 쓰세요 )

| 사전형 | 동사 종류 | ~ます (긍정) | ~ません (부정) |
|---|---|---|---|
| 会う 만나다 | 5단 | 会います<br>만납니다 | 会いません<br>만나지 않습니다 |
| 持つ 들다 | | | |
| 寝る 자다 | | | |
| 来る 오다 | | | |
| 起きる 일어나다 | | | |
| ある 있다 | | | |
| 休む 쉬다 | | | |
| 呼ぶ 부르다 | | | |
| 働く 일하다 | | | |
| | | | |
| | | | |
| | | | |

★ 동사의 ます형 활용 연습 ★ ( 빈 칸에는 연습하고 싶은 단어를 자유롭게 쓰세요 )

| 사전형 | ~ました (과거) | ~ませんでした (과거부정) |
|---|---|---|
| 言う 말하다 | 言いました 말했습니다 | 言いませんでした 말하지 않았습니다 |
| 勉強する 공부하다 | | |
| 返す 돌려주다 | | |
| | | |
| | | |
| | | |
| | | |
| | | |
| | | |
| | | |
| | | |
| | | |

# 동사의 부정형

- 5단동사 : 어미 う단을 あ단으로 바꾸고 ない를 붙인다

　　　かう (사다)　→　か＿ ない　(사지 않다)

　　　まつ (기다리다)　→　ま＿ ない　(기다리지 않다)

　　　のる (타다)　→　の＿＿＿＿　(타지 않다)

　　　しぬ (죽다)　→　し＿＿＿＿　(죽지 않다)

　　　よぶ (부르다)　→　よ＿＿＿＿　(부르지 않다)

　　　のむ (마시다)　→　の＿＿＿＿　(마시지 않다)

　　　ぬぐ (벗다)　→　ぬ＿＿＿＿　(벗지 않다)

　　　いく (가다)　→　い＿＿＿＿　(가지 않다)

　　　けす (지우다)　→　け＿＿＿＿　(지우지 않다)

- 1단동사 : 어미 る를 떼고 ない를 붙인다

　　　みる (보다)　→　＿＿＿＿＿　(보지 않다)

　　　たべる (먹다)　→　＿＿＿＿＿　(먹지 않다)

- 불규칙동사 : 그냥 외운다

　　　する (하다)　→　しない　(하지 않다)

　　　くる (오다)　→　こない　(오지 않다)

# 동사의 て형

- 5단동사 : 각 어미의 글자에 따라 다르게 활용

  ① う・つ・る
  : 어미를 떼고 って를 붙인다

  かう (사다) → かって (사고/사서)
  まつ (기다리다) → ま___ (기다리고/기다려서)
  のる (타다) → の___ (타고/타서)

  ② ぬ・ぶ・む
  : 어미를 떼고 んで를 붙인다

  しぬ (죽다) → しんで (죽고/죽어서)
  よぶ (부르다) → よ___ (부르고/불러서)
  のむ (마시다) → の___ (마시고/마셔서)

  ③ く・ぐ
  : 어미를 떼고 각각
  いて・いで를 붙인다

  きく (듣다) → き___ (듣고/들어서)
  ぬぐ (벗다) → ぬ___ (벗고/벗어서)

  ★ いく (가다)는 특수하게 いって로 활용!!

  ④ す
  : 어미를 떼고 して를 붙인다

  けす (지우다) → け___ (지우고/지워서)

- 1단동사 : 어미 る를 떼고 て를 붙인다

  みる (보다) → _____ (보고/봐서)
  たべる (먹다) → _____ (먹고/먹어서)

- 불규칙 동사 : 그냥 외운다

  する (하다) → して (하고/해서)
  くる (오다) → きて (오고/와서)

# 동사의 과거형

- **5단동사** : 각 어미의 글자에 따라 다르게 활용

　① う・つ・る
　　: 어미를 떼고 った를 붙인다

　かう (사다) → かった (샀다)
　まつ (기다리다) → ま____ (기다렸다)
　のる (타다) → の____ (탔다)

　② ぬ・ぶ・む
　　: 어미를 떼고 んだ를 붙인다

　しぬ (죽다) → しんだ (죽었다)
　よぶ (부르다) → よ____ (불렀다)
　のむ (마시다) → の____ (마셨다)

　③ く・ぐ
　　: 어미를 떼고 각각
　　　いた・いだ를 붙인다

　きく (듣다) → き____ (들었다)
　ぬぐ (벗다) → ぬ____ (벗었다)
　★ いく (가다)는 특수하게 いった로 활용!!

　④ す
　　: 어미를 떼고 した를 붙인다

　けす (지우다) → け____ (지웠다)

- **1단동사** : 어미 る를 떼고 た를 붙인다

　みる (보다) → ____ (봤다)
　たべる (먹다) → ____ (먹었다)

- **불규칙 동사** : 그냥 외운다

　する (하다) → した (했다)
　くる (오다) → きた (왔다)

★ 동사의 부정형, て형, 과거형 활용 연습 ★

| 사전형 | 부정형 | て형 | 과거형 |
|---|---|---|---|
| 食(た)べる 먹다 | 食べない 먹지 않다 | 食べて 먹고 | 食べた 먹었다 |
| 知(し)る 알다 | | | |
| 掃除(そうじ)する 청소하다 | | | |
| 休(やす)む 쉬다 | | | |
| 覚(おぼ)える 외우다 | | | |
| 手伝(てつだ)う 돕다 | | | |
| 行(い)く 가다 | | | |
| 並(なら)ぶ 줄서다 | | | |
| 来(く)る 오다 | | | |
| 急(いそ)ぐ 서두르다 | | | |
| 借(か)りる 빌리다 | | | |
| 減(へ)らす 줄이다 | | | |

(빈 칸에는 연습하고 싶은 단어를 자유롭게 쓰세요)

| 사전형 | 종류 | 부정형 | て형 | 과거형 |
|---|---|---|---|---|
| 勝つ 이기다 | 5단 | | | |
| 歩く 걷다 | | | | |
| 教える 가르치다 | | | | |
| | | | | |
| | | | | |
| | | | | |
| | | | | |
| | | | | |
| | | | | |
| | | | | |
| | | | | |

# 09. 내 손으로 정리하는 문형 노트

★ 예문노트 만들기 ★ 아래 표현 문형을 오른쪽 페이지에 정리해 보세요.

### ~のです    ~의 것입니다

- このペンは せんせいのです。    이 펜은 선생님의 것입니다.
- あの めがねは だれのですか。    저 안경은 누구의 것입니까?
- この かばんは わたしのです。    이 가방은 제것입니다.

### ~が すきです / きらいです    ~을 좋아합니다 / 싫어합니다.

- うたが すきです。    노래를 좋아합니다.
- さかなが きらいです。    생선을 싫어합니다.
- わたしは スポーツが すきです。    나는 스포츠를 좋아합니다

### ~より ~です    ~보다 ~합니다

- 自転車(じてんしゃ)は バイクより 遅(おそ)いです。    자전거는 오토바이보다 느립니다.

- 韓国(かんこく)は 日本(にほん)より 寒(さむ)いです。    한국은 일본보다 춥습니다.

### 동사ます형 + たいです    ~하고 싶어요

- コーヒーが 飲(の)みたいです。    커피를 마시고 싶습니다.

- 私(わたし)は 家族(かぞく)に 会(あ)いたいです。    나는 가족을 만나고 싶어요.

- 生(い)け花(ばな)を 習(なら)いたいです。    꽃꽂이를 배우고 싶어요.

## 나만의 예문노트

| 일본어 | 해석 |
|---|---|
| ・このペンは せんせいのです。 | ・이 펜은 선생님의 것입니다. |

# 10. 예문 바꾸기 연습

★ 예문 바꾸기 연습 ★ 앞서 정리한 예문을 나의 이야기로 바꿔 보세요.

**~が すきです / きらいです**   나와 주변 사람의 취향 말하기

· わたしは コナンが すきです。 나는 코난을 좋아합니다.
· _____
· _____
· _____

**~より ~です**   좋아하는 것들로 비교하는 문장 만들기

· アロは メロより ちいさいです。 아로는 메로보다 작아요. (키우는 고양이)
· _____
· _____
· _____

예) かっこいい 멋있다     やさしい 착하다     にんきが たかい 인기가 높다
    かわいい 귀엽다      おもしろい 재미있다

**동사 ます형 + たいです**   자신의 희망사항 말하기

· わたしは ゲームが したいです。 나는 게임을 하고 싶어요.
· _____
· _____
· _____

예)  ~に いく ~에 가다       ~を(が) かう ~을 사다
    ~に なる ~이 되다       ~を(が) よむ ~을 읽다
    ~を(が) みる ~을 보다    ~を(が) たべる ~을 먹다

## 11. 일본어로 일기 쓰기

★ 일본어로 일기 쓰기 ★

명사와 형용사 활용 위주의 일기입니다. 사전을 찾아 보며 최대한 일본어로 써보세요.

오늘은 금요일입니다. 오전 9시부터 오후 4시까지 수업이 있었습니다.
수학이 있었는데 수학은 어려워서 별로 좋아하지 않습니다.
미술 수업은 엄청 즐거웠습니다. 나는 수업중에 미술이 제일 좋습니다. 그림을 그리는 것이 재미있습니다.
점심밥 메뉴는 비빔밥이었습니다. 고추장을 너무 많이 넣어서 엄청 매웠습니다. 그래도 맛있었습니다.
밤에는 집에서 책도 읽고 드라마도 봤습니다. 금요일 밤은 행복합니다.

〈참고 단어〉

おもしろい 재미있다     からい 맵다
むずかしい 어렵다      たのしい 즐겁다
おいしい 맛있다

すきだ 좋아하다     しあわせだ 행복하다

午前 (ごぜん) 오전      メニュー 메뉴
午後 (ごご) 오후       とても 매우
授業 (じゅぎょう) 수업
昼ごはん (ひるごはん) 점심밥

今日は 金ようび です。

★ 일본어로 일기쓰기 ★

동사의 ます형으로 쓸 수 있는 일기입니다. 사전을 찾아보며 최대한 일본어로 써보세요.

오늘은 쉬는 날입니다. 친구와 함께 책을 사러 갔습니다. 일본어 책과 영어 책을 샀습니다. 그리고 영화관에서 영화를 봤습니다. 나는 다이어트를 하고 있습니다. 그래서 팝콘은 먹지 않았습니다. 영화는 기대보다 재미없었습니다.
운동을 하기 위해 집까지 걸었습니다. 집에 와서 주스를 마셨습니다. 시원했습니다.
내일은 아침일찍 운동을 하고 싶습니다. 그래서 오늘은 일찍 잘 것입니다.

今日は 休みの日です。

〈참고 단어〉
買う (かう) 사다    行く (いく) 가다
見る (みる) 보다    する 하다
飲む (のむ) 마시다   寝る (ねる) 자다
食べる (たべる) 먹다  歩く (あるく) 걷다
おもしろい 재미있다  すずしい 시원하다

映画館 (えいがかん) 영화관
運動 (うんどう) 운동

ます형 + に行く ~하러 가다
ます형 + たいです ~하고 싶습니다

★ 일본어로 일기 쓰기 ★

동사의 て형과 과거형으로 쓸 수 있는 일기입니다. 사전을 찾아보며 최대한 일본어로 써 보세요.

일요일인데 6시에 일어나서 공원에 갔다. 의외로 운동을 하고있는 사람이 많았다. 나는 걷거나 달리거나 했다. 운동을 하고나서 집에 돌아와서 샤워를 했다. 피곤해서 또 자버렸다. 오후에는 방청소를 하거나 빨래를 하거나 했다. 배가 고파서 편의점에서 도시락을 사왔다. 돈까스랑 샐러드가 들어있었다. 차도 마셨다. 그리고 책을 읽으며 쉬었다.

日曜日なのに6時に

〈 참고 단어 〉

多い(おおい) 많다　　買う(かう) 사다
帰る(かえる) 돌아오다　寝る(ねる) 자다
歩く(あるく) 걷다　　読む(よむ) 읽다
走る(はしる) 달리다　飲む(のむ) 마시다
入る(はいる) 들어가다　休む(やすむ) 쉬다
起きる(おきる) 일어나다
疲れる(つかれる) 피곤하다
おなかが すく 배가 고프다
シャワーを あびる 샤워를 하다

～たり ～하거나　ます형+ながら ～하면서
～ている ～하고 있다　～てくる ～해오다
～てから ～하고 나서
～てしまった ～해버렸다

**PAGE: 041**

시즈의
일본어 워크북
しずの日本語ワークブック

★ 명사와 형용사로 일기쓰기 예시

今日は 金曜日です。午前9時から 午後4時まで 授業が ありました。数学が ありましたが 数学は 難しくて あまり 好きじゃ ありません。美術は とても 楽しかったです。私は 授業の 中で 美術が いちばん 好きです。絵を 描くことが おもしろいです。昼ごはんの メニューは 비빔밥でした。고추장を 너무 많이 넣어서 とても からかったです。それでも おいしかったです。夜には 家で 本も 読んで ドラマも 見ました。金曜日の 夜は しあわせです。

★ 동사 ます형으로 일기쓰기 예시

今日は 休みの 日です。友だちと いっしょに 本を 買いに 行きました。日本語の 本と 英語の 本を 買いました。そして 映画館で 映画を 見ました。私は ダイエットを 하고 있어서 ポップコーンは 食べませんでした。映画は 기대보다 おもしろくなかったです。運動を 하기 위해 家まで 歩きました。家に 来て ジュースを 飲みました。すずしかったです。明日は 아침일찍 運動を したいです。それで 今日は 일찍 寝ます。

★ 동사 て형과 과거형으로 일기쓰기 예시

日曜日なのに 6時に 起きて 公園に 行った。의외로 運動を している 人が 多かった。私は 歩いたり 走ったり した。運動を してから 家に 帰って シャワーを 浴びた。疲れて また 寝てしまった。
午後は 部屋の 掃除を したり 洗濯を したり した。おなかが すいて コンビニで べんとうを 買ってきた。とんかつと サラダが 入っていた。お茶も 飲んだ。そして 本を 読みながら 休んだ。

## 12. 일본어 쓰기 연습

こん ど　し けん　むずか
今度　試験　難しい

이번　시험　어렵다

이번 시험은 매우 어려웠습니다
今度の試験はとても難しかったです。

げんじつてき　こうどう　ひつよう
現実的　行動　必要

현실적　행동　필요

현실적인 행동이 필요하다
現実的な行動が必要だ。

と しょ かん　ほん　か
図書館　本　借りる

도서관　책　빌리다

도서관에서 책을 빌려 왔다
図書館で本を借りてきた。

きのう　はげ　あめ　ふ
昨日　激しい　雨　降る

어제　세차다　비　내리다

어제부터 세찬 비가 내리고 있다
昨日から激しい雨が降っている。

전화번호와 주소를 물어보았다
電話番号と住所を聞いてみた。

우체국에서 편지를 보냅니다
郵便局で手紙を送ります。

교통사고로 회사에 지각했습니다
交通事故で会社に遅刻しました。

많은 사람이 모여서 놀랐다
大勢の人が集まって驚いた。

# 13. 정리 예시 & 정답

★ 명사 활용 정답 ★

| 大人 | 大人です | 大人ではありません |
|---|---|---|
| 食べ物 | 食べ物です | 食べ物ではありません |
| 私の | 私のです | 私のではありません |
| トイレ | トイレです | トイレではありません |

| 夢 | 夢でした | 夢ではありませんでした |
|---|---|---|
| どろぼう | どろぼうでした | どろぼうではありませんでした |
| 千円 | 千円でした | 千円ではありませんでした |
| 勘違い | 勘違いでした | 勘違いではありませんでした |

★ な형용사 활용 정답 ★

| 便利だ | 便利です | 便利ではありません |
|---|---|---|
| きれいだ | きれいです | きれいではありません |
| まじめだ | まじめです | まじめではありません |
| 丈夫だ | 丈夫です | 丈夫ではありません |

| 危険だ | 危険でした | 危険じゃなかったです |
|---|---|---|
| おしゃれだ | おしゃれでした | おしゃれじゃなかったです |
| りっぱだ | りっぱでした | りっぱじゃなかったです |
| 地味だ | 地味でした | 地味じゃなかったです |

★ い형용사 활용 정답 ★

| かわいい | かわいいです | かわいくありません |
|---|---|---|
| 明るい | 明るいです | 明るくありません |
| おいしい | おいしいです | おいしくありません |
| 少ない | 少ないです | 少なくありません |

| 安い | 安かったです | 安くなかったです |
|---|---|---|
| 涼しい | 涼しかったです | 涼しくなかったです |
| うるさい | うるさかったです | うるさくなかったです |
| いい(よい) | よかったです | よくなかったです |

★ 동사 ます형 활용 정답 ★

| 持つ | 5단 | 持ちます | 持ちません |
|---|---|---|---|
| 寝る | 1단 | 寝ます | 寝ません |
| 来る | 불규칙 | きます | きません |
| 起きる | 1단 | 起きます | 起きません |
| ある | 5단 | あります | ありません |
| 休む | 5단 | 休みます | 休みません |
| 呼ぶ | 5단 | 呼びます | 呼びません |
| 働く | 5단 | 働きます | 働きません |

| 勉強する | 勉強しました | 勉強しませんでした |
|---|---|---|
| 返す | 返しました | 返しませんでした |

★ 동사의 부정형, て형, 과거형 활용 정답 ★

| | | | |
|---|---|---|---|
| 知る | 知らない | 知って | 知った |
| 掃除する | 掃除しない | 掃除して | 掃除した |
| 休む | 休まない | 休んで | 休んだ |
| 覚える | 覚えない | 覚えて | 覚えた |
| 手伝う | 手伝わない | 手伝って | 手伝った |
| 行く | 行かない | 行って | 行った |
| 並ぶ | 並ばない | 並んで | 並んだ |
| 来る | こない | きて | きた |
| 急ぐ | 急がない | 急いで | 急いだ |
| 借りる | 借りない | 借りて | 借りた |
| 減らす | 減らさない | 減らして | 減らした |

| | | | | |
|---|---|---|---|---|
| 歩く | 5단 | 歩かない | 歩いて | 歩いた |
| 教える | 1단 | 教えない | 教えて | 教えた |

★ 단어장 ★

★ 활용 연습 시트 ★

★ 예문노트 ★

**PAGE: 051**

시즈의
일본어 워크북
しずの日本語ワークブック